2010 中国粮食发展报告

CHINA GRAIN DEVELOPMENT REPORT 2010

主　编：聂振邦
副主编：任正晓

经济管理出版社
ECONOMY & MANAGEMENT PUBLISHING HOUSE

图书在版编目（CIP）数据

2010中国粮食发展报告 / 聂振邦主编. —北京：经济管理出版社，2010.9

ISBN 978-7-5096-1091-6

Ⅰ.2… Ⅱ.聂… Ⅲ.粮食—经济发展—研究报告—中国—2010 Ⅳ.①F326.11

中国版本图书馆CIP数据核字（2010）第179276号

出版发行：经济管理出版社
北京市海淀区北蜂窝8号中雅大厦11层
电话：(010) 51915602　　邮编：100038

印刷：精美彩色印刷有限公司　　经销：新华书店

责任编辑：张　艳
装帧设计：杨　炜
　　　　　刘艳南
责任校对：陈　颖

880mm × 1230mm/16　　11.5印张　　207千字
2010年9月第1版　　2010年9月第1次印刷
印数：1-3000册　　定价：150.00元
书号：ISBN 978-7-5096-1091-6

2010 中国粮食发展报告编辑委员会

编写组
(按姓氏笔画为序):

丁　杰　万劲松　于　涛　于英威　孔伟娟　方　言　王　旭
王正友　王莉蓉　王耀鹏　邓　立　邓亦武　卢景波　史京华
田　临　田　野　龙伶俐　刘　平　刘　韧　刘　武　刘小南
刘冬竹　刘青青　刘俭荣　刘莉华　刘铁宏　孙丽娟　孙洪波
安海东　朱之光　朱传碧　许　策　许正斌　齐朝富　何　毅
何少平　何建新　佟远明　吴永顺　张　云　张　雪　张永刚
张永强　张永福　张立伟　张庆娥　张延华　张树淼　张浩然
李红(女)　李红(男)　李　玥　李　洵　李　涛　李云峰　李亚莉
李美琴　李喜贵　杜　政　杨　正　杨卫辰　杨卫路　杨晓静
杨绪珍　肖　玲　肖春阳　陈　玲　陈书玉　陈玉中　陈军生
陈成云　陈秀玲　陈家积　周　波　周　惠　周　辉　周冠华
周晓耘　林　潇　罗文娟　罗守全　郁士祥　金　贤　姚秀敏
胡承淼　贺　伟　赵文先　赵素丽　郝胜龙　唐　茂　唐柏飞
唐铁军　唐瑞明　徐京华　秦　剑　秦玉云　耿晓頔　袁　辉
郭　建　郭晓虹　陶　英　高美华　寇　荣　梁建军　麻国杰
智振华　曾　翔　曾令清　曾衍德　游　泳　程传秀　程继伟
韩继志　潘文博　颜　波

编审组
(按姓氏笔画为序):

邓亦武　卢景波　刘小南　孙鉴奇　严　涛　何松森　颜　波

编辑部:

主　　任:何松森
工作人员:刘珊珊　朱　蓉　崔菲菲

目录

目 录

目 录

专 栏

附 录

2009年中国粮食发展概述

国家粮食局党组书记、局长　聂振邦

2009年是新世纪以来我国经济发展最为困难的一年。粮食部门深入学习实践科学发展观，认真贯彻党的十七大，十七届三中、四中全会和中央经济工作会议、中央农村工作会议精神，落实党中央、国务院关于粮食工作的方针政策，努力克服国际金融危机的冲击和影响，顺利完成年初部署的“抓好收购促增收，充实储备强基础，清仓查库摸家底，加强调控稳市场，深化改革促发展”等重点工作任务，粮食流通各项工作取得新成效，保证了全国粮食市场和价格基本稳定，保护了种粮农民利益，保障了国家粮食安全，为保增长、保民生、保稳定作出了积极贡献。

一、粮食连续六年增产，奠定了国内供求稳定的坚实基础

2008年第四季度以后，世界经济形势险象环生，国际金融危机持续蔓延，世界经济严重衰退，我国经济社会发展遇到严重困难；全球饥饿人口突破10亿，生物能源发展导致全球粮食供需发生深刻变化，国际社会面临金融危机和粮食危机的双重压力。面对复杂多变的国际国内形势，党中央、国务院采取一系列强有力的政策措施，继续巩固、完善和强化强农惠农政策，加大对“三农”的投入力度。2009年中央财政用于“三农”的支出7253亿元，比上年增长21.8%，其中粮食直补、农资综合直补、良种补贴、农机具购置补贴四项补贴1275亿元，比上年增加244亿元。全国粮食总产量53082万吨，再创历史新高，连续6年增产，首次实现连续3年超5亿吨。农村居民人均纯收入5153元，比上年增加392元，剔除价格因素，实际增长8.5%。

二、积极抓好粮食收购，保护种粮农民利益

2009年国家再次较大幅度提高小麦、稻谷最低收购价格水平，提价幅度达到13%～17%。在总结近几年经验的基础上，研究制定并印发了2009年小麦、早籼稻和中晚稻最低收购价执行预案，进一步完善预案启动机制和补贴机制，细化具体操作措施。加大国家临时存储稻谷、小麦、玉米、大豆和中央储备大豆、菜籽油的收储力度，创新托市收购机制，引导加工企业入市收购。对17个省份的地方油脂加工企业和中央直属企业托市收购油菜籽给予补贴，对内蒙古自治区和黑龙江、吉林、辽宁一定规模以上的大豆压榨企业入市收购大豆给予补贴，对南方16个饲料消费省份的定点企业和中央直属企业到东北三省和内蒙古自治区采购玉米给予补贴。对江苏、安徽、山东、河南、湖北等省部分受灾地区的芽麦实行保护性收购。

据统计，2009年全国各类粮食经营企业收购粮食28781万吨（原粮，下同），其中国有粮食企业收购16387万吨，约占收购总量的57%。全年收购托市粮食（含油菜籽）9241万吨，其中小麦4091万吨、稻谷1119万吨、玉米2748万吨、大豆494万吨、油菜籽789万吨。据测算，各项收购政策的实施，拉动市场价格回升，促进农民增收400多亿元，为保护农民种粮积极性、扩大农村消费、促进经济平稳较快发展发挥了积极作用。

三、认真组织开展清仓查库，摸清粮食库存家底

2009年国家再次组织了全国范围内的粮食清仓查库。国务院高度重视，分别召开电视电话会议进行动员部署和总结，中共中央政治局常委、国务院副总理李克强两次到会并作重要讲话，成立了由发展改革委牵头，10个部门和单位共同组成的部际联席会议，办公室设在国家粮食局，具体承担清仓查库的组织协调等工作。地方各级人民政府按照部署和要求，成立相应工作机构，落实职责分工。各级粮食部门科学制定实施方案和检查方法，大规模、多层次培训检查人员。清查中，按照“在地检查”原则，坚持“有仓必到、有粮必查、有账必核、查必彻底”，对发现的问题边查边改，严肃查处涉粮违规违纪案件。据统计，地方各级政府和国家有关部门直接参与检查的人员124756人，清查储粮库点29965个，对1765个重点非国有粮食企业和转化用粮企业的粮食库存进行了典型调查，邀请6375名人大代表和政协委员现场督导清查工作，提高了清查结果的透明度和公信力。

清查结果显示，2009年3月末全国国有粮食企业粮食总库存22540万吨，账实相符率99.7%，质量合格率97.1%，宜存率99.1%，全国粮食库存数量真实，质量良好，储存安全，管理比较规范，品种结构趋于合理，区域布局进一步改善。

四、切实落实宏观调控措施，维护全国粮食市场稳定

加强中央和地方储备粮管理。及时下达中央储备粮年度轮换计划并督促实施，跟踪检查轮换计划完成情况，同时要求把握好时机和节奏，服从和服务于国家宏观调控和稳定市场粮价的需要。会同有关部门下达食用植物油地方储备规模指导性计划。据统计，2009年末地方粮、油储备分别比上年同期增加2.8%和43%。

做好政策性粮食竞价销售、移库和产销衔接工作。根据宏观调控的需要，合理安排政策性粮食竞价销售，2009年累计成交6550万吨，满足了市场需求。将国家临时存储的575万吨玉米和195万吨大豆划转给地方作为临时储备，定向销售给加工企业，促进国产玉米和大豆的加工转化。下达905万吨临时存储粮和1.9万吨中央储备菜籽油跨省移库计划，充实销区库存，优化了库存布局。多次举办粮食产销衔接交易会、贸易洽谈会、精品展销会，签订粮食购销合同2000万吨。认真落实关内销区到东北采购粳稻（大米）运费补贴政策，采购粳稻（大米）625万吨，有力促进了产销衔接，搞活了粮食流通。

加强粮食统计、信息和应急体系建设。加强和改进粮食统计工作，认真完成粮食购销存统计、粮油加工业统计和供需平衡调查等基础工作。建立政策性粮食收购五日报、大米市场监测旬报、临时收储油菜籽和东北地区定向销售月报等制度，调整粮油市场信息监测点布局，健全信息监测系统，加强粮食市场监测预警分析，为粮食宏观调控提供了可靠的决策依据。各地进一步完善本地区粮食应急预案，健全应急保障体系，一些省市积极组织培训和应急演练，不断提高应急保障水平。

五、积极推进粮食流通体制改革，国有粮食企业改革取得新成效

粮食流通体制改革继续深化。积极推进粮食行政管理部门职能转变，把粮食行政管理部门的工作重心转到粮食市场调控、监管和行业指导、服务上来。加强粮食成本利润调查，及时提出政策性收购粮食价格水平建议，研究完善粮食价格形成机制。积极培育和发展多元市场主体，截至2009年底，具有收购资格的多元市场主体达到6.7万家。

国有粮食企业改革和发展步伐加快。积极协调和配合有关部门制定政策性粮食财务挂账消化、未占用农发行贷款的政策性亏损处理、占用商业银行贷款挂账划转，以及支持企业消化经营性财务挂账等政策，明确中央和地方储备粮承储企业免征营业税、印花税、房产税和城镇土地使用税等政策，为企业改革发展创造良好政策环境。加强对企业产权制度改革的指导，严格规范改革改制行为，保护职工合法权益。截至2009年底，全国国有粮食企业总数18163个，其中购销企业12567个，比1998年分别减少65%、59%，企业布局和结构进一步优化，提高了市场竞争力。指导和促进企业加强经营管理，提高经济效益。2009年纳入统计的全国国有粮食企业统算盈利54.04亿元，比上年增加32.77亿元，为历史最好水平。其中国有粮食购销企业统算盈利45.2亿元，比上年增盈26.9亿元。24个省份及新疆生产建设兵团实现统算盈利，其中北京、上海、山东、湖南和四川5个省（市）连续5年实现统算盈利。

粮食产业化经营积极推进。国家粮食局会同中国农业发展银行出台支持现代粮食流通产业发展的政策，在政策性粮油收储、自主购销和产业化龙头企业发展等方面，加大对企业的信贷支持力度；重新审核重点支持的1684家产业化龙头企业，继续提供贷款支持，促进企业做大做优做强。各地通过信贷支持、财政贴息、退城进郊兴办粮食产业园区等多种方式，积极培育产业化龙头企业，延长产业链条，促进农民增收、企业增效。

六、加强粮食流通产业建设，粮食流通现代化水平进一步提高

粮食流通基础设施和物流体系建设迈出新步伐。落实国务院“建设粮食储备仓容1500万吨、储备油罐175万吨”的计划，两年安排中央投资42.6亿元用于粮油仓储设施建设。从2008年第四季度到2009年底，已安排中央补助投资29.5亿元用于粮油仓储物流和烘干设施专项建设，进一步缓解我国食用油罐容不足和重点粮食产区仓储、烘干能力不足的压力。落实仓房维修改造资金3亿元，15个省份实施政策性

粮食收储的设施条件得到了改善。

粮食市场体系建设取得新进展。继续贯彻落实全国粮食市场体系建设规划，22个省（区、市）出台了本地粮食市场建设规划或指导意见。国家粮食交易中心总数达到22个，全国统一竞价交易平台联网市场已达23家，顺利完成了国家政策性粮食的销售任务。一些省（区、市）出台优惠政策，投入专项资金扶持粮食批发市场建设。大中城市成品粮油批发市场继续呈现强劲发展势头，满足了城镇居民粮油消费需要。

粮油加工业和科技创新取得新成效。粮油加工业多元化主体格局初步形成，技术水平不断提升，主要产品产量和企业效益持续增长。以大型龙头企业和粮食物流枢纽为依托，加工产业园区建设明显加快。组织行业优势资源，申报粮食产后国家工程实验室，国家粮食局科学研究院粮食储藏实验室建设项目正式竣工验收。成功举办以“科学消费植物油”为主题的粮食科技周和科普宣传活动，粮食科技创新体系进一步完善，粮食宏观调控信息保障技术、粮食储藏质量检测等科技研发和推广取得重要成果。

“农户科学储粮专项”工程和“放心粮油”工程取得新成绩。认真编制农户科学储粮规划，扩大专项实施范围，在14个粮食产区安排中央补助、地方配套和农户自筹资金6.7亿元，为57.2万个农户建设标准化小型粮仓，改善农户储粮条件。“放心粮油”工程已经成为深受广大消费者和社会各方面欢迎的“民心工程”。据不完全统计，全国各地放心粮油生产企业已经建立各类销售网点17万多个，其中农村网点6万多个。

七、加强制度建设和市场监管，粮食依法行政能力和服务水平进一步提高

积极推进粮食立法。以贯彻两部条例为主线，研究制定年度普法依法治理要点，全面总结“五五”普法以来粮食行业法制宣传教育工作。继续做好粮食收购资格和中央储备粮代储资格审核工作，截至2009年底，全国具有粮食收购资格的经营者8.55万家；具有中央储备粮、油代储资格的企业分别为1907户和208户，资格仓容、罐容分别达到10115万吨和319万吨，资格企业布局趋于合理。认真贯彻落实党中央、全国人大和国务院关于制定《粮食法》的要求，成立了由17个部门有关负责同志组成的领导小组及工作组，认真开展专题调研，积极做好《粮食法（草案）》研究起草工作。

加强监督检查和标准质量工作。继续巩固和加强监督检查体系、质量监测体系建设成果，全国31个省（区、市）及新疆生产建设兵团、82%的市地级和70%的县级粮食部门设立了监督检查机构，纳入国家粮食质量监测体系的质检机构已达197家。进一步完善粮食监督检查和质量安全监管制度，加强粮食市场日常监管和政策性粮食购销专项检查，认真督察、查办涉粮案件和粮食质量安全事件。认真贯彻《食品安全法》，继续抓好标准制修订工作，《稻谷》、《玉米》、《大豆》等国家标准相继实施，认真开展粮食质量与原粮卫生的调查、抽查与监测，积极履行国际标准化组织谷物与豆类分技术委员会秘书处职责和成员国义务。

加强粮食仓储规范化管理和安全生产工作。全面启动仓储规范化管理工作，开展粮食行业安全生产执法、治理和宣传“三项行动”。全面总结近年来粮食行业安全生产工作经验，调查分析部分地方安全储粮事故发生的原因，开展粮油仓储设施安全隐患排查工作，强化粮油仓储设施使用管理，进一步加强教育培训，增强安全生产意识，规范操作行为，落实安全责任，严防重特大事故发生。

加强粮食行业服务工作。发挥粮食行业协会、粮食贸促会、粮油学会、粮经学会等社团组织作用，成功举办新中国成立60周年成就展、粮油精品展、世界粮食日、爱粮节粮周等活动，充分展示粮食系统改革发展的巨大成就和精神风貌。大力开展“放心粮油”进农村、进社区活动。围绕国家粮食安全研究重大问题，积极组织开展课题研究，提出政策建议。继续加强粮食仓储、物流、加工、科技和信息等方面的对外交流与合作，扩大国际合作领域。继续加强新闻宣传和政务信息公开，为粮食流通工作创造良好的舆论环境。

八、加强党的建设、廉政建设、作风建设和干部职工队伍建设，粮食行业整体素质进一步提高

认真开展深入学习实践科学发展观活动，贯彻落实中央确定的各项方针政策，加强和改进党的建设，努力把学习实践科学发展观的成果转化为谋划粮食流通科学发展的思路、促进粮食流通科学发展的措施、领导粮食流通科学发展的能力。落实中纪委全会和国务院廉政工作会议部署，以切实保护种粮农民利益、中央扩大内需投资监督检查和全国粮食清仓查库为重点，整体推进粮食系统党风廉政建设。深入开展“讲党性、重品行、作表率”活动，加强机关作风建设，深入实际开展调查研究，扎扎实实为基层群众解难事、做实事、办好事。抓好职工教育培训和技能人才培养，推进职业技能鉴定工作，提高粮食系统干部职工队伍素质。

第一部分

粮食生产

一 2009年粮食作物生产情况及2010年形势展望

2009年，在党中央、国务院的正确领导下，经过各级党委、政府和农业部门，以及广大农民群众的共同努力，粮食生产克服历史罕见的冬春连旱、高温伏旱和重大病虫害等灾害影响，粮食总产实现连续六年增长，连续三年稳定在5亿吨以上，为应对国际金融危机冲击、保持国民经济平稳较快发展提供了有力支撑。

(一)2009年粮食生产特点

1.粮食面积稳定增加

2009年粮食播种面积10898.6万公顷，比上年增加219.3万公顷，增幅2.1%，是1957年以来第一次连续六年增加。

2.粮食单产有所降低

2009年粮食平均单产每公顷4870.6公斤，比上年减少80.2公斤，减幅1.6%。

3.粮食总产连续第六年增产

2009年粮食总产53082.1万吨，比上年增产211.2万吨，增幅0.4%，实现1968年来第一次连续六年增产。

4.优质专用品种快速发展

2009年四大粮食作物品种综合优质率达到

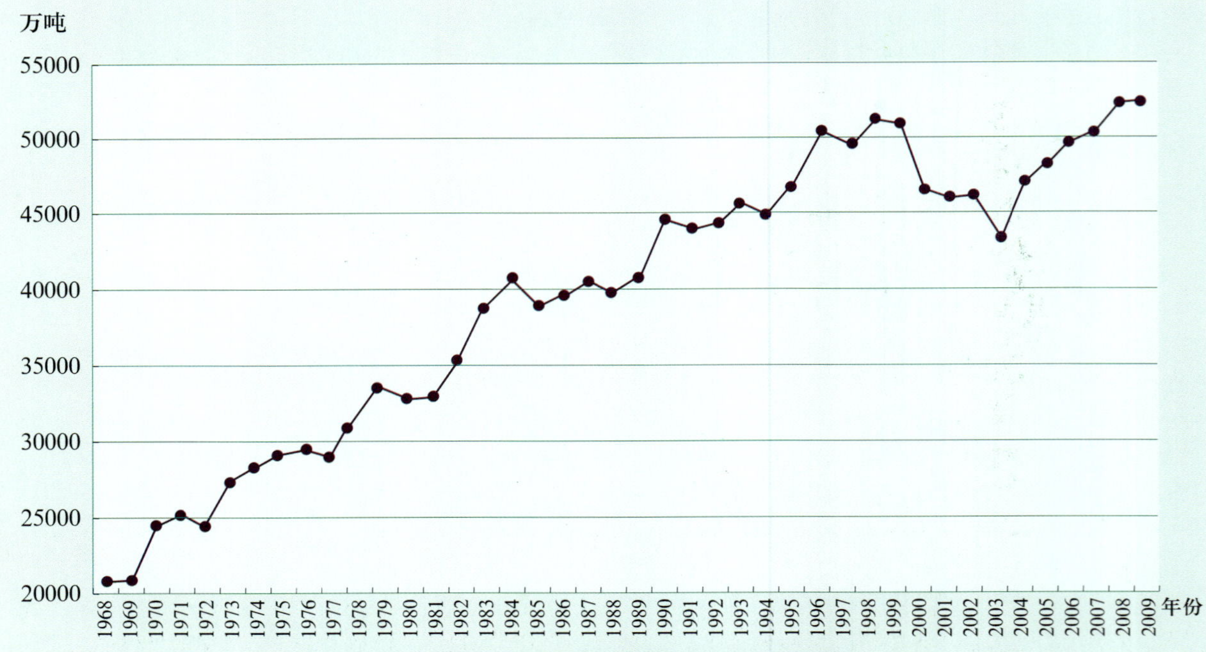

图1-1 1968～2009年粮食产量变化图

70.4%，比上年提高5.6个百分点。其中优质稻谷面积2305.0万公顷，优质率77.8%，比上年提高3.6个百分点；优质专用小麦1727.1万公顷，优质率71.1%，提高3.2个百分点；优质专用玉米1908.4万公顷，优质率61.2%，提高10.3个百分点；高油高蛋白大豆694.7万公顷，优质率75.6%，提高3.9个百分点。

表1-1 2009年主要粮食作物优质品种种植面积

单位：万公顷，%

品种＼项目	优质品种种植面积	占该品种总种植面积的百分比	同比增幅
稻 谷	2305.0	77.8	3.6
小 麦	1727.1	71.1	3.2
玉 米	1908.4	61.2	10.3
大 豆	694.7	75.6	3.9

5.三季粮食“二增一减”

夏粮增产：2009年夏粮播种面积2738.2万公顷，比上年增加55.6万公顷，增幅2.1%；总产12348.5万吨，比上年增产273.6万吨，增幅2.3%；单产每公顷4509.7公斤，比上年提高8.6

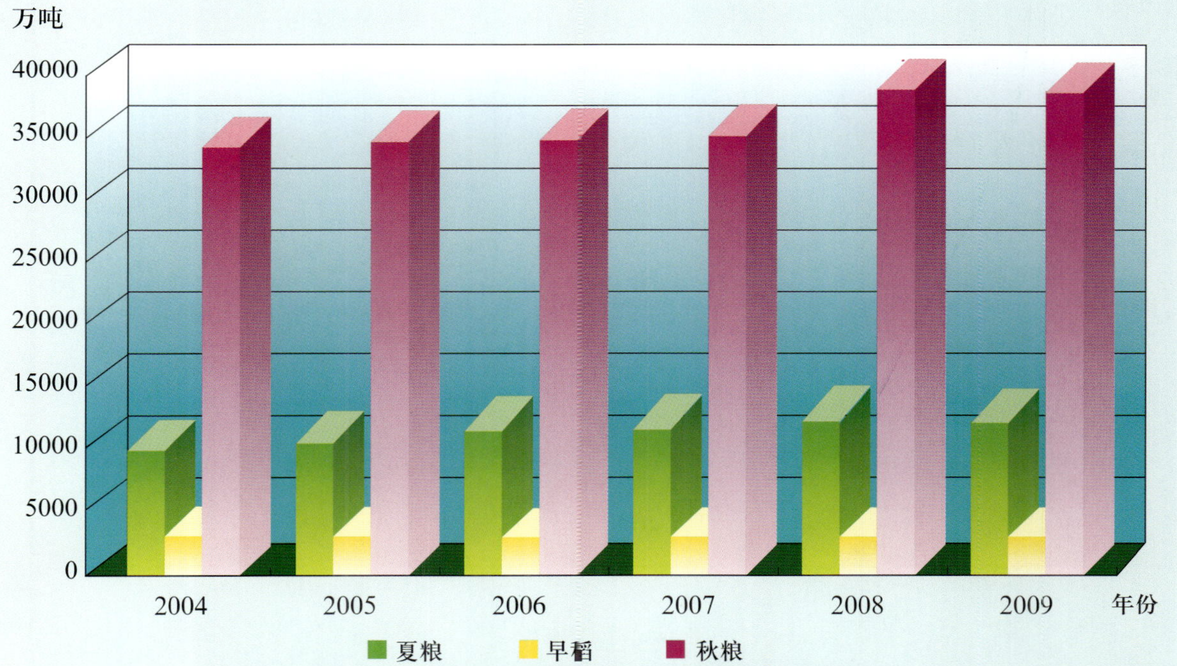

图1-2 夏粮、早稻、秋粮产量变化图

公斤，增幅0.2%。

早稻增产：2009年早稻播种面积587.0万公顷，比上年增加16.2万公顷，增幅2.8%；总产3335.5万吨，比上年增产176.0万吨，增幅5.6%；单产每公顷5682.2公斤，比上年提高146.9公斤，增幅2.7%。

秋粮减产：2009年秋粮播种面积7573.4万公顷，比上年增加147.5万公顷，增幅2.0%；总产37398.1万吨，比上年减产238.4万吨，减幅0.6%；单产每公顷4938.1公斤，比上年减少130.2公斤，减幅2.6%。

6.主要粮食品种"两增两减"

稻谷增产：2009年稻谷播种面积2962.7万公顷，比上年增加38.6万公顷，增幅1.3%；总产19510.3万吨，比上年增产320.7万吨，增幅1.7%；单产每公顷6585.3公斤，比上年提高22.8公斤，增幅0.3%。

小麦增产：2009年小麦播种面积2429.1万公顷，比上年增加67.4万公顷，增幅2.9%；总产11511.5万吨，比上年增产265.1万吨，增幅2.4%；单产每公顷4739.0公斤，比上年减少22.9公斤，减幅0.5%。

玉米减产：2009年玉米播种面积3118.3万公顷，比上年增加131.9万公顷，增幅4.4%；总产16397.4万吨，比上年减产194.0万吨，减幅1.2%；单产每公顷5258.5公斤，比上年减少297.2公斤，减幅5.3%。

大豆减产：2009年大豆播种面积919.0万公顷，比上年增加6.3万公顷，增幅0.7%；总产1498.2万吨，比上年减产56.0万吨，减幅3.6%；

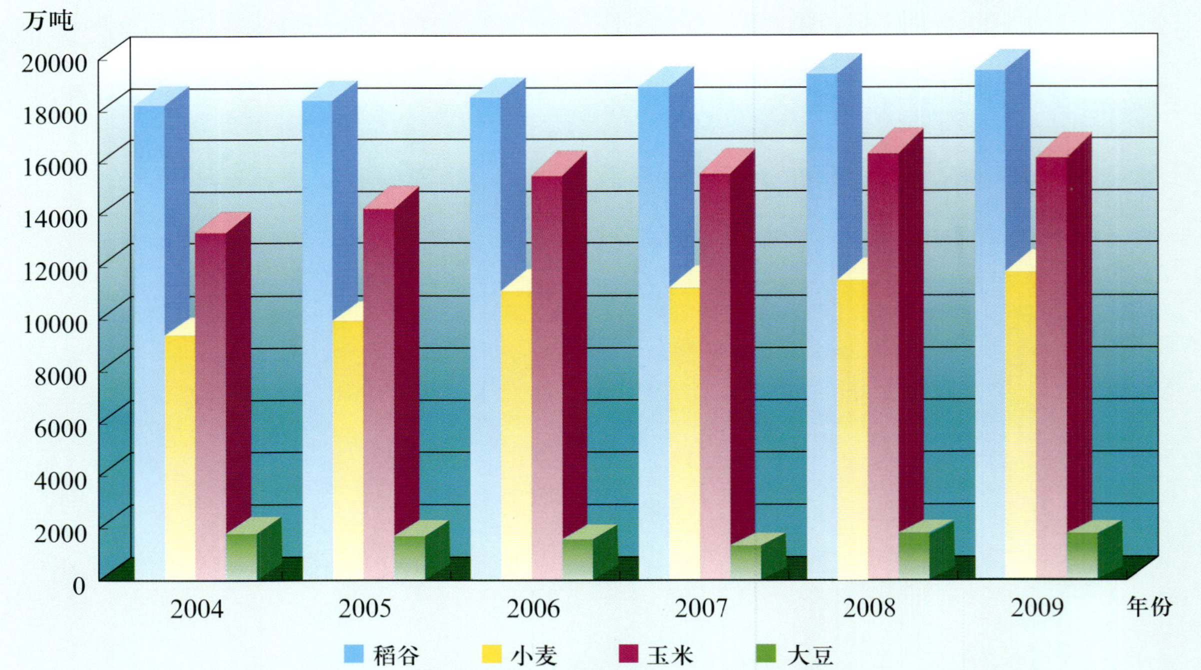

图1-3 四大粮食品种产量变化图

单产每公顷1630.2公斤，比上年减少72.6公斤，减幅4.3%。

7.增产省份多，主产省粮食减产，非主产省增产较多

北京、山西、内蒙古、辽宁、吉林、重庆、西藏7省（区、市）减产，其他24个省（区、市）均有不同程度增产，其中新疆增产221.5万吨、黑龙江增产128.0万吨、湖南增产97.7万吨。13个粮食主产省粮食产量39710.1万吨，比上年减产207.4万吨，占全国粮食总产量的74.8%，比上年减少0.7个百分点；18个粮食主销省和产销平衡省粮食产量13372.0万吨，比上年增产418.6万吨，占全国粮食总产量的25.2%，比上年增加0.7个百分点。

（二）主要启示

1.政策支持不断强化

党中央、国务院始终高度重视农业和粮食生产，坚持在应对国际金融危机中巩固和加强农业基础地位，继续完善、强化惠农政策。2009年中央财政安排粮食直补、农资综合补贴、良种补贴、农机具购置补贴“四补贴”资金1270多亿元，比上年增加240多亿元，增幅20%以上。继续实行水稻良种补贴全国全覆盖，首次实行小麦、玉米良种补贴全国全覆盖，首次实行大豆良种补贴东北四省区全覆盖，启动实施马铃薯原种补贴，涉及内蒙古、黑龙江、重庆、四川、贵州、云南、青海、甘肃、宁夏9省（区、市）。大幅度提高粮食最低收购价，白小麦提高13%左右，红小麦和混合麦提高15%以上，稻谷提高16%左右，提高幅度之大、公布时间之早都是历年没有的。扩大农产品临时收储政策实施品种和范围，对东北稻谷、玉米、大豆，南方中晚稻及油菜籽实行临时收储政策，对稳定农产品市场价格发挥了重要作用。这些政策都极大地调动了农民种粮积极性，促进了粮食面积的扩大。

2.科技支撑更加有力

围绕促进粮食稳定发展，农业部提出把着力点放在先进实用技术的推广上，深入推进粮棉油高产创建，促进大面积均衡增产。各地按照要求，制定实施方案，明确技术路线，环环紧扣，抓好落实。在不同季节、不同区域、不同作物生长发育阶段，组织开展现场观摩和技术培训，深入生产一线开展巡回技术指导，着力提高技术入户到位率。2009年高产创建示范片增加到2600个，中央财政安排资金5亿元。各省（区、市）也安排近4亿元专项资金，建设省级万亩高产创建示范片1300个。测土配方施肥项目县（场）达到2498个，基本覆盖所有农业县。项目规模不断扩大，影响逐步提升，效果显著提高，为促进粮食稳定发展发挥了重要作用。

3.病虫防控成效显著

针对农作物病虫发生的新趋势、新特点，农业部提出打好“区域性重大病虫歼灭战、局部性重大病虫突击战、重大疫情阻截战”三大战役。各地因地制宜制定防控预案，加强监测预警，强化防控责任，落实防控措施。切实做到监测预警到位，及时掌握全局性、区域性病虫发生动态，发布病虫预警信息；切实做到责任落实到位，坚持把病虫防控由部门行为上升为政府行为，层层落实责任，对区域性、迁飞性重大病虫实行联防联控、严防死守；切实做到防控措施落实到位，

关口前移，超前谋划，及早部署，大力推进专业化统防统治，有效地将小麦条锈病为害区域控制在黄河以南，并控制在点片发生范围之内，水稻“两迁”害虫没有扩散蔓延，实现了虫口夺粮。

4.抗灾救灾扎实主动

牢固树立抗灾夺丰收的思想，加大防灾抗灾救灾力度，强化指导和服务，打赢了抗旱救灾这场硬仗。在抗击北方冬麦区特大冬春连旱和东北部分地区严重夏伏旱过程中，农业部在旱象露头之际就紧急部署抗旱工作，适时启动应急响应，提出“因地制宜、分类指导、水肥并进、防控病虫”的科学抗旱技术路线，指导农民科学抗旱，有效地将粮食因灾损失减少到最低程度。以春旱为例，受旱面积最大时达到1080万公顷，其中严重受旱457.6万公顷，分别约占全国冬小麦播种面积的50%和20%。通过全力以赴推进科学抗旱，共浇灌受旱麦田913.3万公顷，追肥700万公顷，加之人工降雨和自然降水的作用，使旱情得到有效缓解，促进受旱麦苗迅速转化升级，为夺取夏粮丰收奠定了基础。

(三)2010年粮食生产形势展望

2010年，我国粮食生产要在连续六年增产的新起点上展开，既有长期积累的深层次矛盾，又有发展中出现的新问题；既有种植业内部的压力，又有外部环境的影响；既有资源约束增大的制约，又有气候变化的不确定性，面临的形势更加复杂，任务更加艰巨。从外部环境看，粮食生产面临两大挑战：一大挑战是全球气候变化影响逐渐显现，低温雨雪、冰冻灾害、严重干旱等自然灾害和极端性天气多发频发，病虫发生关口前移、范围扩大、程度加重；另一大挑战是经济全球化影响加大，国际农产品进口增加，给国内农业生产造成较大压力，外资企业逐步向我国粮食生产各个领域渗透，对国家粮食安全构成隐患。从粮食生产自身看，表现为四个制约：一是耕地资源制约，近六年我国耕地面积减少166万公顷，粮食面积恢复增加957万公顷，继续扩大面积的空间有限；二是品种技术制约，短时间内难有重大突破，2009年已经出现单产下降的问题，如果没有突破性的品种和技术，提高单产难度很大；三是农业基础制约，目前我国实际有效灌溉面积仅占耕地面积的40%，旱涝保收面积仅占1/3，抵御自然灾害风险的能力较低；四是种粮效益制约，种粮比较效益仍然偏低，影响农民种粮积极性。

尽管2010年粮食生产面临的困难很多，机遇也是客观存在的。从政策环境来看，党中央、国务院为努力确保粮食生产不滑坡，出台了一系列强有力的政策措施，为粮食生产提供了良好的环境和条件。2010年国家将进一步增加农业补贴品种和补贴范围，进一步提高小麦、稻谷最低收购价格，每50公斤白小麦、红小麦和混合麦均提高3元；每50公斤早籼稻、中晚籼稻、粳稻分别提高3元、5元、10元。农产品临时收储政策和国际贸易调控政策将进一步完善。从科技支撑能力来看，加强现代农业产业技术体系和基层农技推广体系建设，大规模开展粮棉油糖高产创建，高产创建的资金增加到10亿元，万亩示范片增加到5000个，比2009年翻了一番，为集成推广先进实用技术和改善生产条件提供了重要平台。从农业基础建设来看，2010年国家将投资441.6亿元，加强农业基础设施和服务体系建设，包括大型灌区节水改造、新增千亿斤粮食田间工程及农技服务体系等。通过项目建设，将大大改善农业生产条件，进一步提高农业综合生产能力。

二 2009年国家扶持粮食发展政策

2009年，党中央、国务院高度重视粮食工作，不断加大政策支持力度，为实现粮食连续六年增产和粮食市场稳定奠定了坚实基础。

(一)加大粮食生产能力建设投入力度

2009年，国家进一步加大了粮食生产基础设施建设投入力度，安排用于粮食生产基地、种子工程、植保工程、旱作农业示范基地、大型灌区续建配套和节水改造、大型灌排泵站更新改造等粮食生产能力建设的中央投资达到106亿元，比上年增长30%。在极端天气多发频发、特大干旱历史罕见的情况下，为改善粮食生产条件、提高防灾减灾能力、夺取全年粮食丰收发挥了重要作用。

(二)增加粮食生产性补贴

1.继续实施种粮农民直补政策

2009年国家安排种粮农民直补资金151亿元，与上年持平。

2.加大良种补贴力度

2009年国家安排良种补贴资金198亿元，比上年增加75亿元。其中良种补贴标准为早稻、小麦、玉米、大豆10元/亩，中晚稻15元/亩。水稻、小麦、玉米良种补贴在全国31个省（区、市）实行全覆盖，大豆良种补贴在辽宁、吉林、黑龙江、内蒙古4个省（区）实行全覆盖。同时，在内蒙古、黑龙江、重庆、四川、贵州、云南、甘肃、宁夏、青海9个省（区、市）启动了马铃薯原种生产补贴试点，利用微型薯生产原种的每亩补贴500元，利用原种生产脱毒种薯的每亩补贴100元。

3.继续增加农资综合补贴资金

2009年国家安排农资综合补贴资金795亿元，比上年增加63亿元。同时，经报国务院同意，财政部、国家发展改革委、农业部联合印发了《关于进一步完善农资综合补贴动态调整机制的实施意见的通知》（财建〔2009〕492号），按照价补统筹、动态调整、只增不减的基本原则，进一步完善了农资综合补贴动态调整机制。

4.大幅度增加农机购置补贴资金

2009年国家安排农机购置补贴资金达到130亿元，比上年增加90亿元。实施范围扩大到全国所有的农牧业县（场），补贴机具种类范围由上年的9大类18小类50个品目扩展到12大类38小类

128个品目，覆盖所有农牧渔业生产急需的关键环节的农业机械，共补贴购置各类农机具343万台套，受益农户达300万。

5.扩大测土配方施肥实施范围

2009年国家安排测土配方施肥补贴资金达到15亿元，比上年增加3亿元。在巩固和续建1861个项目县(场)的同时，将未实施项目的农业县(市、区、旗、场)全部纳入到测土配方施肥项目范围，免费为1.5亿农户提供测土配方施肥指导服务，推广应用测土配方施肥技术面积10亿亩以上，项目区配方施肥建议卡和施肥技术指导入户率达到90%以上，亩节本增效30元以上。

6.开展高产创建活动

2009年国家安排高产创建补助资金5亿元，在全国粮棉油生产大县建设2600个高产创建万亩示范片，其中粮食作物2050个、油料作物350个，通过推广良种、普及高产技术，进一步提升粮棉油产量和品质，提高粮棉油作物综合生产能力和种植效益。

7.继续奖励产粮大县

2009年国家安排175亿元资金用于全国产粮大县奖励，比上年增加10亿元。

(三)加强粮食市场宏观调控

1.继续提高粮食最低收购价水平

2009年根据粮食生产成本上升的情况，国家大幅度提高小麦、稻谷最低收购价格水平，白小麦、红小麦和混合麦每50公斤最低收购价分别提高到87元、83元和83元，比上年分别提高10元、11元和11元，提价幅度13%～16%；早籼稻、中晚籼稻、粳稻每50公斤最低收购价分别为90元、92元、95元，均比上年提高13元，提价幅度16%左右，给种粮农民吃了“定心丸”，保护了农民的种粮积极性，稳定了市场预期，引导粮食价格保持在合理水平。

2.继续实施粮食托市收购政策

为稳定粮食市场价格，保护种粮农民利益，2009年国家启动稻谷、小麦最低收购价执行预案和临时收储玉米、大豆、新疆小麦等，共收购最低收购价稻谷847万吨、小麦3986万吨，临时收储玉米64万吨、大豆113万吨和新疆小麦106万吨。

三 主要粮食品种生产成本分析

(一)2009年粮食生产成本收益变化情况

据全国价格主管部门成本调查机构的调查显示，2009年粮食单产下降，成本上升，价格上涨，补贴增多，种粮收益继续增加。具体情况是：

1.单产下降

2009年全国气候条件整体较差，主要受春季干旱及生长收获期阴雨的影响，各粮食品种

安康地区纳入油菜良种补贴范围；继续实施并完善对东北大豆和主产区油菜籽实行临时收储政策。二是以高产创建项目为平台，加大技术推广力度。2009年国家加大了油料高产创建力度，在全国建设大豆、油菜、花生等油料作物高产创建万亩示范片500个（2008年只有101个）。其中，油菜由上年的36个扩大到250个，大豆由31个扩大到150个，花生由20个扩大到100个。同时一些油料主产区的省、地、县及乡镇也纷纷安排资金，举办万亩、千亩、百亩高产示范片。三是加强行政工作推进和专家指导力度。为促进油料生产发展，各地召开各种会议研究和部署油料生产，在生产关键时节下乡督导，组织专家开展培训和现场技术指导等。

(二)2010年油料生产发展趋势

2010年油料生产面临的困难较多，一是比较效益下降。2009年以来各种油料价格大幅度下跌，而粮食、棉花等产品价格均有所提高，种油料作物比较效益明显下降，影响农民积极性。二是冬油菜减产基本定局。2010年冬油菜从种到收遭遇西南严重干旱，长江中下游入冬旱、冬季部分地区低温寒潮天气频发，春季气温回升缓慢、部分地区出现不同程度的倒春寒，特别是3～4月高温低温交替出现，严重影响油菜抽薹、开花和灌浆鼓粒，部分地区低温导致分段结实。据各地预测，2010年冬油菜是“两减一增”，即单产、总产均比上年减产，面积增加12.7万公顷。三是大豆面积将有所下降。据黑龙江反映，2010年大豆播种面积将比上年减少。但也具有一定的有利因素：一是国家启动了花生良种补贴试点；二是提高了油菜籽临时收储价格；三是进一步增加高产创建规模；四是秋油春播墒情较好。

总体分析，2010年油料生产要保持持续增产难度大，面临的困难多，需要加大工作力度，积极推广油料高产栽培技术和防灾减灾措施，力争秋油获得好收成。

五 全国新增1000亿斤粮食生产能力规划

2008年7月，国务院批复了《国家粮食安全中长期规划纲要（2008～2020年）》（以下简称《纲要》），《纲要》明确提出要抓紧编制从粮食生产、流通、储备、加工等方面的专项规划，以推进《纲要》的实施。《全国新增1000亿斤粮食生产能力规划（2009～2020年）》（以下简称《规划》）就是《纲要》框架下出台的第一个专项规划。

(一)《规划》出台的背景

改革开放以来，我国粮食生产取得巨大成

就，有力地支持了国民经济发展。尤其是2004年以来，粮食生产连续几年获得丰收，对抑制CPI过快上涨、应对国际金融危机起到了重要作用。但我们必须清醒地认识到，在我国工业化和城镇化加快推进阶段，农业仍然是国民经济的薄弱环节，随着人口增长、人民生活质量的提高，粮食和食物安全将面临严峻挑战，粮食生产的压力将越来越大，为此，坚持立足国内实现粮食基本自给的方针，不断提高粮食综合生产能力，对于确保国家经济平稳发展具有重要意义。

1.实现国家粮食安全必须立足国内粮食基本自给

我国既是粮食生产大国，又是粮食消费大国，作为人口大国必须保持较高的粮食自给率。近年国际市场的谷物贸易量为2.2亿～2.4亿吨，仅为我国粮食消费量的一半左右，可供我国进口的粮食资源十分有限。一旦我国大量进口粮食，不仅加剧国际粮源紧张态势，增加国际组织粮食援助计划的实施难度，造成国家间矛盾，而且会引发国际粮食市场波动。因而提高粮食综合生产能力，实现国内粮食基本自给，不仅是保障国内粮食有效供给，也是对世界粮食安全做出贡献。

2.在水土资源约束下必须尽快提高粮食的产出水平

人均水土资源占有量少是我国的基本国情，我国人均耕地仅为世界平均水平的40%；人均水资源为世界人均占有量的1/4，且水资源时空分布不均，水土资源匹配不佳。从长远看，随着工业化和城镇化进程加快，耕地将继续减少，人增地减的矛盾仍十分突出。在水土资源条件的约束下，必须尽快提高粮食产出水平，才能满足经济社会各方面的需要。

3.迫切需要建立促进粮食生产发展的长效机制

粮食生产比较效益低下，随着农资价格上涨、人工费用增加，今后粮食生产成本呈逐步上升的趋势，而粮食价格涨幅低于成本增幅，种粮比较效益长期偏低，不利于保护和调动农民种粮积极性，一些地区已出现粮食生产口粮化、兼业化势头，对粮食生产构成威胁。因此，必须抓紧建立促进粮食生产发展的长效机制，从制度上保证粮食主产区和种粮农民的收益。

（二）《规划》的总体框架和主要内容

《规划》除引言外，共分九个部分。第一、二部分主要是分析了我国粮食生产现状、回顾了新中国成立以来特别是改革开放以来粮食格局的变化，总结促进粮食增产的基本经验以及未来我国粮食供需面临的形势、增产的制约因素及潜力；第三部分为今后发展粮食生产的指导思想、基本原则和主要目标；第四部分至第六部分提出了粮食增产技术路线、分区分品种增产任务和主要建设任务；第七部分为经济社会效益与环境影响评价；第八、九部分为相关政策措施和规划的组织实施。主要内容包括：

1.《规划》的指导思想和主要目标

指导思想：坚持走中国特色农业现代化道路，坚持立足国内实现粮食基本自给的方针，强化政策支持，加大投入力度，改善基础条件，提高装备水平，推进科技进步，转变发展方式，建立粮食持续稳定发展的长效机制，保护和调动农民种粮积极性、科技人员创新积极性、地方政府抓粮积极性，提高土地产出率、资源利用率、劳动生产率，不断增强粮食综合生产能力、抗风险能力、国际竞争力和可持续发展能力，保障国家粮食安全。

基本原则：立足国内，基本自给；依靠科技，主攻单产；优化布局，突出重点；统筹规划，分步实施；创新机制，持续发展；多元筹资，加大投入。

主要目标：按照《国家粮食安全中长期规划纲要(2008～2020年)》对2020年我国粮食需求的预测，《规划》提出的主要目标是，到2020年粮食生产能力达到11000亿斤以上，比现有产能增加1000亿斤。按照发挥比较优势、突出重点品种、注重调出能力、兼顾区域平衡的原则，确定分区、分品种增产任务。为实现上述目标，需要耕地保有量保持在18亿亩以上，基本农田面积15.6亿亩，粮食播种面积稳定在15.8亿亩以上；粮食单产水平达到700斤，良种覆盖率稳定在95%以上，科技贡献率达到55%；以及有效灌溉面积、耕种收综合机械化水平、降低粮食生产灾害率等项生产条件改善目标。

2.粮食增产主要途径和建设任务

《规划》围绕改善条件、科技推广、降低损耗三个方面提出了未来粮食增产6个途径，以及根据不同区域的农业生产特点、制约因素和增产途径，提出了8项建设任务及配套工程。

6项增产途径是：改善灌溉条件，改造中低产田，提高耕地产出能力；选育推广优良品种，加快更新换代，实现良种良法配套；改进耕作方式，提高复种指数；推广重大技术措施，提高技术到位率；提高农业机械化水平，促进节本增效；加大病虫害防控，降低损失率。

8项建设任务是：建设大中型灌区等水利骨干工程，新增和改善有效灌溉面积；建设小型农田水利设施等田间工程，改造中低产田；加强优良品种和先进栽培技术研究，提高粮食科研创新能力；完善良种繁育和技术推广体系，促进农业科技成果转化；推进粮食生产全程机械化，提高机械作业水平；完善防灾减灾体系，提高粮食生产的抗灾能力；加强农业生态环保体系建设，保护水土资源，防治农业面源污染；完善粮食仓储物流体系等。

3.主要政策措施

《规划》围绕保护耕地、加快科技进步、深化体制机制改革等方面提出促进粮食增产的9项长效机制：一是落实粮食省长负责制，明确中央和地方粮食安全责任；二是坚持家庭承包经营制度，稳步推进土地规模经营；三是严格耕地资源保护，稳定粮食播种面积；四是加快农业科技创新，提高技术装备水平；五是加大基础设施投入力度，完善建管机制；六是扩大财政补贴规模，完善奖补政策；七是深化粮食流通体制改革，完善粮食流通体系；八是加强粮食市场宏观调控，保障国家粮食安全；九是引导粮食生产和消费，促进粮食品种结构平衡。其中切实保护好耕地，确保耕地面积不再减少，保护和调动农民的种粮积极性，稳定粮食播种面积，是粮食增产的基础；加快科技进步，加强农业基础设施建设，改善粮食生产条件，提高单产水平和抗灾能力，是粮食增产的主要途径；深化体制机制改革，加快探索建立粮食主产区与主销区的利益联结机制，稳定和完善农村基本经营制度，整合粮食产能建设资金并完善农业基础设施建管机制，是粮食增产的体制保障。

（三）规划的主要特点

1.明确了不同区域在粮食生产中的功能定位

根据我国农业区划特点、生产技术条件和增产潜力等因素，《规划》将全国粮食生产区划分为核心区、非主产区产粮大县、后备区和其他地区四类地区。粮食生产核心区是从13个粮食主产省（区）选出的680个粮食生产大县（市、区、农场），目前商品粮调出量2750亿斤，其功能定位是提高商品粮调出能力；非主产区产粮大县是从11个非粮食主产省（区）选出的120个粮食生产大县，功能定位是提高区域自给能力；后备区是吉林等省区的部分适宜地区，功能定位是加强国家粮食战略储备；其他地区是指上述三类区域以外的地区，功能定位是提高粮食生产总体水平。

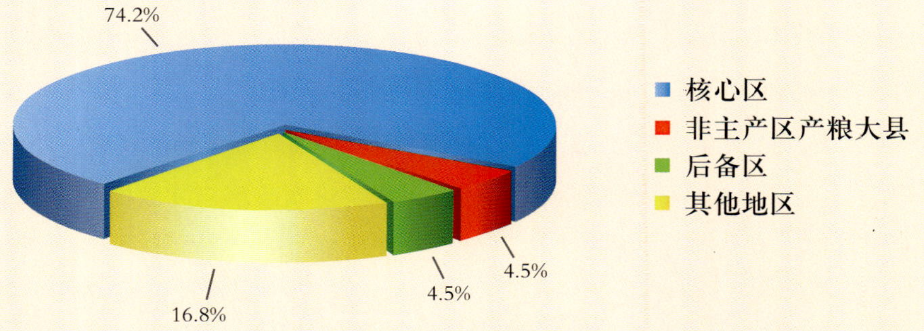

图1-6 增产任务分区比重

2.体现了以需定产的理念

《规划》编制之前，吉林、黑龙江、河南3省根据当地粮食增产潜力编制了本省粮食增产规划，3省规划增产数为600亿斤，加上其他省区的增产规划，全国粮食增产任务超过了2000亿斤，是《规划》增产任务的1倍。《规划》根据2020年粮食需求，在充分考虑投资需要和可能的基础上，按照以需定产的原则提出了全国增产1000亿斤目标，在充分肯定地方政府重农抓粮的积极性的前提下，分配了分省增产任务，并引导省区对省级实施规划进行修订和完善，避免了因盲目增产造成水土资源压力。

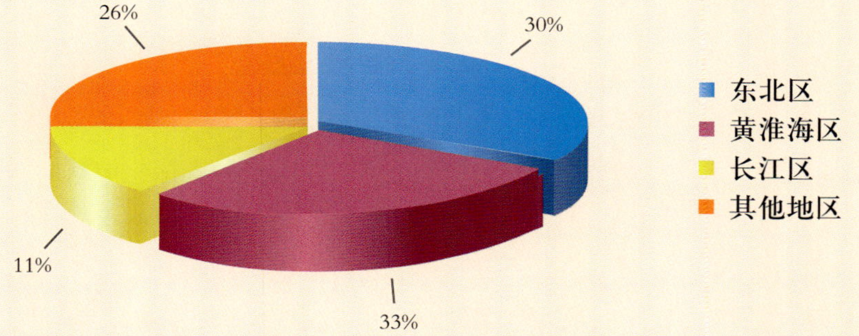

图1-7 粮食主产区及其他地区增产任务比重

小麦销售7094万吨，比上年减少259万吨；大米3054万吨，比上年减少66万吨；玉米5261万吨，比上年增加1276万吨；大豆1146万吨，比上年增加390万吨。玉米和大豆销售增加较多的主要原因是，随着我国经济企稳回升，企业加工需求逐渐转旺，为保证市场供应和价格的基本稳定，国家有关部门加大了政策性粮食的市场投放量，同时安排东北地区部分国家临时存储玉米和大豆划转给地方，由地方组织定向销售给加工企业，有效解决了东北地区玉米深加工和大豆加工企业的用粮需求，提高了加工企业开工率，有力地促进了国产玉米和大豆的加工转化。2009年国家政策性粮食销售出库达到5750万吨，占国有粮食企业销售总量的34%。其中最低收购价小麦销售3131万吨、大米133万吨；国家临时存储进口小麦销售93万吨、大米销售344万吨、玉米销售1384万吨、大豆销售13万吨；地方对加工企业定向销售玉米554万吨、大豆97万吨。

(四)粮食市场价格整体平稳上升，部分品种价格上涨幅度较大，食用植物油市场价格整体低迷

2009年，国内粮食价格整体保持平稳上涨的态势，其中小麦、玉米和粳稻市场收购价格涨势强劲；籼稻需求不旺，价格基本平稳；大豆和食用植物油自给率低，受国际市场影响较大，价格整体低迷。据监测，2009年末，国内各主要粮食品种每50公斤市场收购价格为：小麦92.8元、早籼稻91.1元、中籼稻93.3元、晚籼稻95.1元、粳稻108.4元，分别比上年同期上涨10.8%、0.1%、2.1%、1.6%和16.7%；玉米、大豆收购价格为81.5元和185.9元，分别比上年同期上涨13.7%和2.4%；豆油、菜籽油和花生油零售价格为468元、519元和935元，分别比上年同期下降7.1% 、9.1%和9.2%。2009年，国家继续实施小麦、稻谷最低收购价政策，对东北地区玉米、大豆继续实行临时收储政策，同时创新收购方式，对油菜籽主产区采取托市收购等政策，对国内粮食市场价格起到了一定支撑作用，保护了种粮农民利益。

(五)社会粮食库存总量增加，库存粮食品种结构不断优化，区域布局继续改善

1. 国有粮食企业库存比上年增加

2009年粮食总产量再创历史新高，为保护种粮农民利益，政策性粮食收储力度较大，年末国有粮食企业库存增加较多，库存结构和区域布局继续优化和改善。一是国家政策性粮食库存和地方储备库存增加较多，进一步增强了政府市场调控和应急保障能力，但商品周转库存继续下降；二是主要粮食品种库存有所增加，其中大豆库存增幅最大，粮食库存品种结构得到进一步优化；三是政策性粮食跨省移库力度不断加大，产销合作步伐加快，粮食跨省流通数量稳步增长，主销区和库存薄弱地区的粮食库存进一步充实，粮食库存区域布局有所改善。

2. 非国有粮食企业库存增加，转化用粮企业粮食库存略减

在国家有关部门和各地粮食部门的积极引导和鼓励下，多元主体参与粮食流通、活跃粮食市场的积极性进一步增强，非国有粮食企业和加工

转化企业粮食经营量继续增加，2009年末非国有粮食企业库存增加，转化用粮企业粮食库存略减。

3.城乡居民存粮

2009年末农户存粮26780万吨，比上年增加1400万吨，增幅为5.5%。农户存粮继续上升主要原因：一是粮食增产，但由于种粮成本提高，以及国家较大幅度提高了最低收购价水平等因素的影响，部分农民对市场粮价存在较高的心理预期，待价而售。二是粮食部门积极推广农户科学储粮技术，特别是部分粮食产区为农户建立标准化小型粮仓，农户储粮条件得到改善。分品种看，除大豆减少，其他粮食品种均有不同程度增加。山西、湖北和新疆3省（区）农户年末小麦库存增加较多；黑龙江、安徽、江西、湖南、广东、四川、云南7省农户年末稻谷库存增加较多；山西、内蒙古、辽宁、四川、新疆5省（区）农户年末玉米库存增加较多。

2009年末城镇居民存粮630万吨，比上年增加50万吨。随着全国城镇化进程的推进，人口的增加，城镇居民存粮增加。由于城镇居民更加注重科学均衡营养膳食，存粮结构继续发生变化，各品种存粮均较上年增加，其中大米和其他杂粮增加较多。

二 2010年粮油流通形势预测

(一)粮食供需基本平衡，食用植物油产需缺口仍然较大

2010年，国家继续加大对农业和粮食生产的政策扶持力度，粮食播种面积将比上年略有增加，如果粮食主产区不发生大的自然灾害，粮食产量将保持基本稳定。当年粮食消费继续平稳增长，粮食供需保持基本平衡。分品种看，小麦、玉米产大于需，结余较多；稻谷总量平衡有余；大豆缺口继续扩大，需要进口弥补。

受自然灾害和比较效益下降等因素影响，油料增产难度较大。食用植物油消费保持平稳略增，产需缺口继续扩大，食用植物油和油料进口仍会维持在较高水平。

(二)粮食跨省流通数量稳步增加，国有粮食企业继续发挥主渠道作用

随着城镇化进程的加快、进城务工人员的增加、农户存粮的下降以及消费观念的变化，近年来我国粮食商品率呈逐年上升的趋势。粮食生产也逐步向主产区集中（产量约占全国总产量的3/4），全国粮食大市场、大流通格局初步形成。预计2010年粮食省际间流通数量将会继续稳步增加。2010年国家将继续实施最低收购价和临时收储政策，预计国有粮食企业收购量仍将保持在较高水平，继续发挥主渠道作用。

(三)粮食市场价格总体保持稳定，但仍存在一定的上涨压力

预计2010年市场粮价将保持基本稳定，但面临一定的上涨压力。促使粮价上行的因素：一是近几年国内物价总体稳步上涨，原油等能源价格、生产资料价格以及劳动力价格上涨推高了粮食生产成本，最终将传导到粮食市场价格上。二是2010年国家继续提高小麦、稻谷最低收购价格水平，并适时采取玉米、大豆、油菜籽等临时收储政策，也将引导市场价格在高位运行。三是国内通胀预期比较强烈，将在一定程度上提高各方面对粮食涨价的预期。四是全球资产泡沫又有抬头趋势，国际资金存在炒作农产品等大宗商品的可能性。抑制粮价上涨的因素：一是2009年国内粮食生产再获丰收，小麦、稻谷、玉米等谷物品种产需基本平衡，国家粮食库存充裕。二是国家继续加大扶持农业和粮食生产的力度，努力确保粮油生产不滑坡、农民收入不徘徊，粮食生产发展势头仍然较好。三是国家加强粮食宏观调控，继续对主要粮油品种实施政策性收购，有利于掌握粮源，及时投放市场，保持市场价格稳定。四是2009年世界粮食丰收，库存有所增加，国际市场粮价回落，有利于国内粮食市场价格稳定。

分品种看，预计小麦、稻谷价格在新粮上市前将高于上年同期水平，新粮上市后，随着市场流通量的增加，将趋于稳定。玉米市场价格将继续保持高位运行。由于国内大豆和食用植物油自给率低，受国际市场影响较大，价格会有所波动。

三 2009年粮油进出口贸易情况

(一)粮食进出口情况

2009年，我国粮食（包括大豆，下同）进口总量达4570.2万吨，比上年增加672.6万吨，增长17.3%，低于上年3.1个百分点，其中谷物进口总量315万吨，比上年增长104.6%；粮食出口总量166.9万吨，比上年下降26.7%。全年粮食净进口量达4403.2万吨，比上年增加733.6万吨。

2009年粮食进出口主要特点是：

1.谷物进口大幅增加，出口继续下降

据海关统计，2009年我国谷物及其制粉（包括大米、小麦、玉米及其制粉）进口315万吨，比上年增长104.6%，但只占全年粮食进口总量的6.9%；谷物出口132.3万吨，比上年减少27.0%。

从主要品种看：稻谷及大米进口35.7万吨，比上年增长8.2%，其中从泰国进口大米33.6万吨，占稻米进口总量的94.1%。稻米出口78.6万吨，下降19.1%。主要是对非洲出口下降了41.4%，而对亚洲出口46.3万吨，比上年增长38.8%，占大米出口总量的58.9%。玉米进口8.4万吨，增长68.9%，其中从亚洲进口7.72万吨，

表2-1 2008～2009年我国粮食进出口情况

单位：万吨

品种	进口			出口		
	2008年	2009年	增长（%）	2008年	2009年	增长（%）
粮食	3897.6	4570.2	17.3	227.8	166.9	-26.7
谷物	154.0	315.0	104.6	181.2	132.3	-27.0
其中：小麦	4.3	90.4	1999.7	31.0	24.5	-20.9
大米	33.0	35.7	8.2	97.2	78.6	-19.1
玉米	5.0	8.4	68.9	27.3	13.0	-52.6
大麦	107.6	173.8	61.5			
大豆	3743.6	4255.2	13.7	46.6	34.7	-25.6

占玉米进口量的91.4%；出口玉米13万吨，比上年下降52.64%。小麦及其制粉进口90.4万吨，是上年进口量的20倍；出口小麦24.5万吨，比上年下降20.9%。由于国际市场小麦价格大幅回落，国内外价差缩小，加之国内对优质小麦需求增加，使2009年小麦进口增加。

由于国内谷物连续六年丰收，国内供应充裕，实行进口关税配额管理的小麦、大米、玉米三大粮食品种2009年实际进口量分别占关税配额市场准入量的9.4%、6.7%和1.2%。

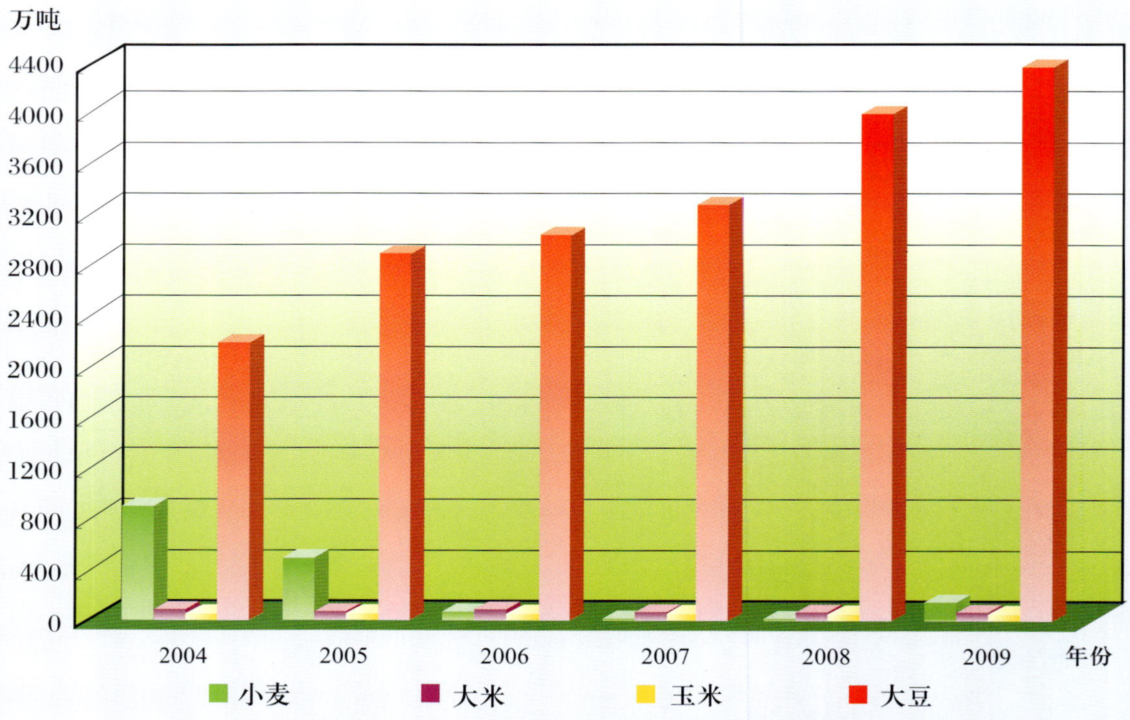

图2-1 近六年来我国主要粮食品种进口情况

稻谷。稻谷收购价格总体稳中略升，粳稻收购价格上升较多，呈现“粳强籼弱”格局。粳稻收购价格年初止跌回升后保持持续上升走势，进入12月，随着东北粳稻产需偏紧形势逐步明朗，国内供求关系趋紧，市场看涨预期增强，价格涨速加快，12月粳稻收购价格达每50公斤109.6元，比11月上涨6.7%，比年初上涨18%。籼稻收购价格全年保持稳中小幅波动的态势，上半年小幅上升，下半年随着新产籼稻陆续上市小幅回落，12月受粳稻价格上涨带动略有回升。全年平均，稻谷收购价格为每50公斤98元，比上年上升6.3%，其中早籼稻、晚籼稻、粳稻价格分别为96.2元、95.8元、102元，比上年分别上升5.3%、3.7%、9.9%。

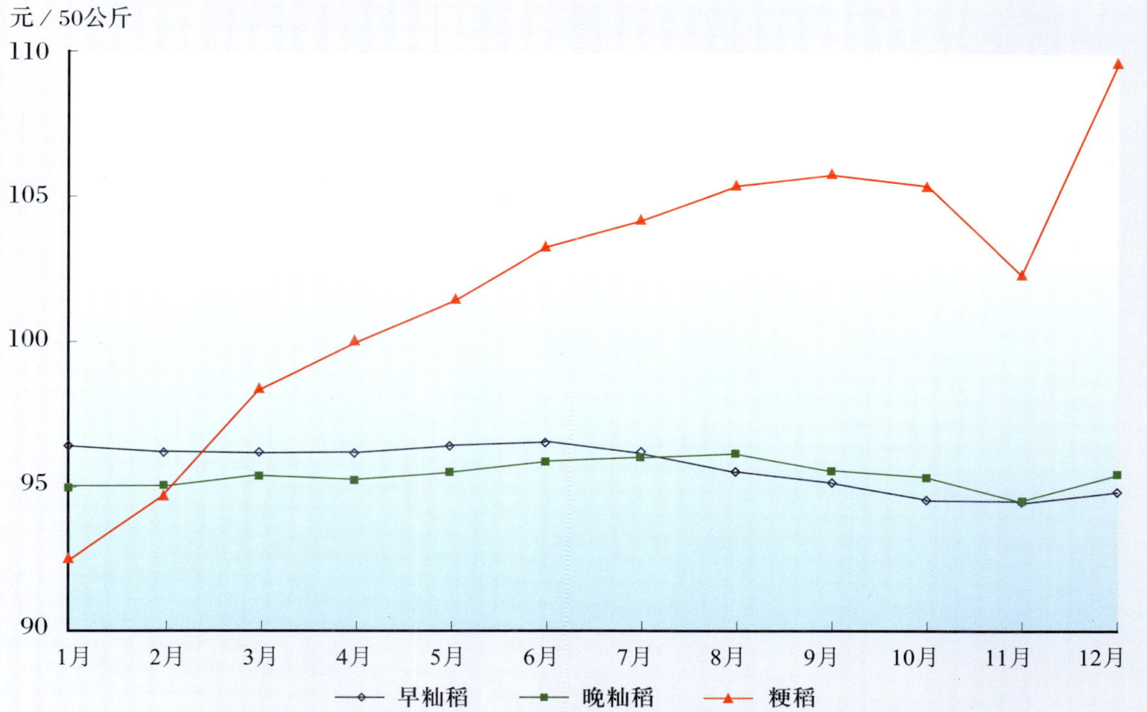

图2-6 2009年国内市场稻谷各品种收购价格走势图

小麦。在国家连续提高小麦最低收购价政策引导下，2009年小麦收购价格呈稳步上升态势。全年平均，小麦收购价格为每50公斤92.8元，比上年上升12.7%，实际收购价格涨幅与最低收购价提价幅度基本相当。

玉米。2009年初玉米收购价格跌至2007年以来的最低水平，2月止跌后持续回升，进入四季度，受新产玉米上市等因素影响，价格小幅下降。全年平均，玉米收购价格为每50公斤74.1元，比上年略升0.1%。

大豆。受国际市场影响，2008年四季度国内大豆收购价格大幅下跌，国家对东北大豆实行了临时收储政策，2009年初大豆收购价格止跌回稳，此后呈波动上升态势，价格水平大幅低于上年，波动幅度远小于国际市场。全年平均，大豆收购价格为每50公斤178元，比上年下降20.1%。其中12月为每50公斤186元，比年初上升6.7%。

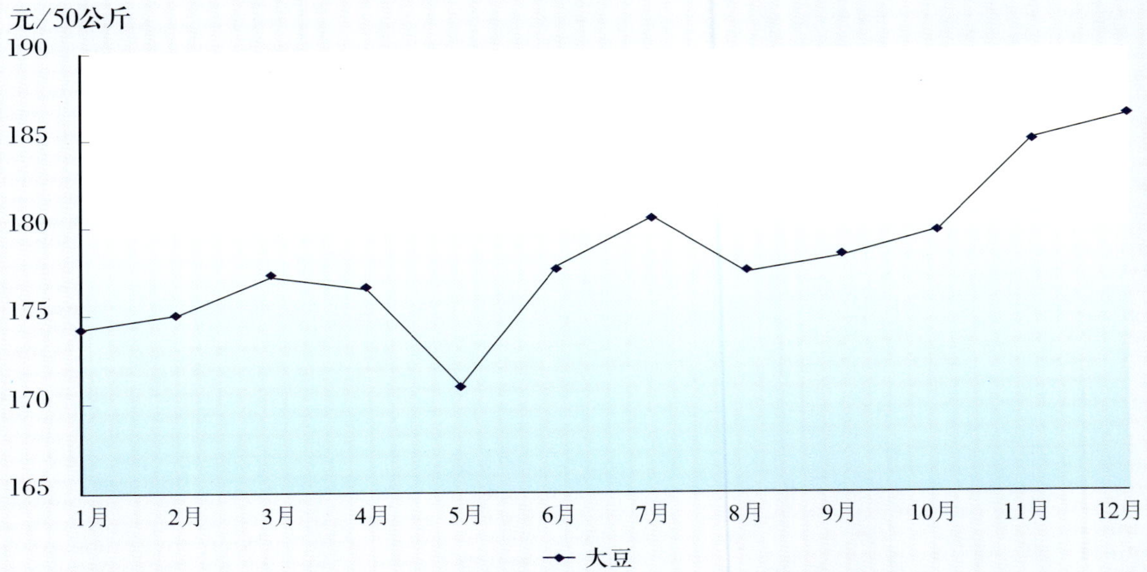

图2-7 2009年国内市场大豆收购价格走势图

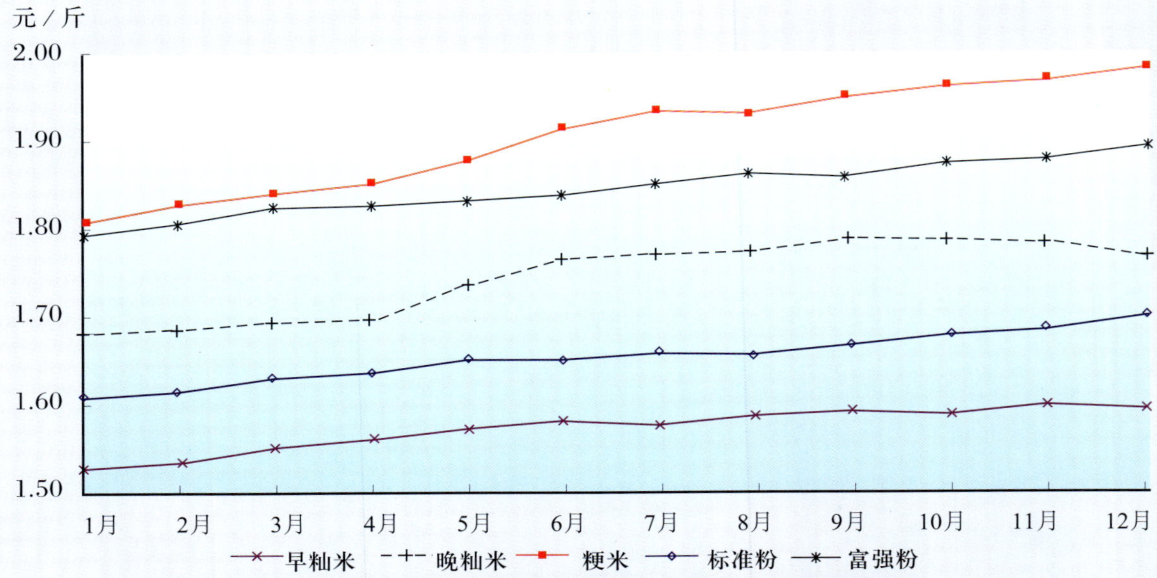

图2-8 2009年国内市场成品粮零售价格走势图

（2）成品粮零售价格。受原粮收购价格上涨影响，2009年成品粮零售价格继续保持稳中略升态势，升幅小于原粮收购价格。36个大中城市早籼米、晚籼米、粳米集市和超市平均零售价格分别为每斤1.57元、1.74元、1.89元，比上年分别上升4.5%、4.4%、5.1%；标准粉和富强粉分别为1.65元和1.85元，比上年分别上升4.2%和3.6%。

2.国际市场粮食价格在2008年下半年大幅下跌后的水平上低位震荡，总水平大幅低于上年

2008年下半年，国际金融危机发生，大量投机资金撤离粮食等大宗初级产品市场，石油价格暴跌抑制了生物能源产业的粮食需求，受此影响，国际市场粮食价格大幅下跌。2009年，世界粮食市场总体保持供大于需的格局，在石油价格波动、投机资金炒作的影响下，国际市场粮价低位震荡，年内最高价比最低价高30%左右，全年平均价格水平均与上年底基本相当，但均大幅度低于上年平均水平。

小麦。小麦价格1～3月小幅下降，4～5月企稳回升，6～9月受北半球冬小麦集中收获上市影响，价格持续下跌，10～12月止跌回升。全年平均，芝加哥市场小麦期货价格为每吨195美元，比上年下降33.6%。

玉米。玉米价格1～6月小幅波动，7～9月受美国玉米预计增产等因素影响，价格持续走低，10～12月又回升至年初水平。全年平均，芝加哥市场玉米期货价格为每吨148美元，比上年下降29.5%。

大豆。大豆价格1～3月小幅下降，4～6月受国际石油价格上涨等因素影响，价格大幅反弹，7月份快速回落，此后呈小幅波动上升态势。全年平均，芝加哥市场大豆期货价格为每吨370美元，比上年下降18.4%。

大米。大米价格1～3月小幅上升，4～10月受泰国等主要出口国稻米丰收、库存充裕等因素影响，价格波动下行，11～12月由于干旱和台风等异常天气导致印度、菲律宾稻米减产较多，国际市场大米供求关系趋紧，价格大幅上涨，12月份泰国大米、越南大米价格分别比10月份上涨17%、27%。2009年，泰国市场大米（含碎10%）现货离岸价平均为每吨553美元，比上年下降18.3%；越南大米（含碎5%）现货离岸价平均为每吨430美元，比上年下降31.5%。

（二）2010年粮食价格走势预测

1.国内市场粮食价格将继续稳中有升

总体上看，在国家政策引导和市场调控作用下，2010年国内粮食市场价格将继续保持稳中有升的态势。分品种看，预计小麦、籼稻价格平稳上升，大豆价格基本稳定，粳稻、玉米价格受2009年东北地区减产较多的影响，上升幅度要大一些，但主要粮食品种全面大幅度上涨的可能性不大。

2.国际市场粮食价格将呈低位波动态势

一方面，世界粮食市场将继续保持供大于需的格局，库存增加，价格上涨乏力。据美国农业部2010年1月预计，2009/2010年度世界谷物供给量升至26.5亿吨，需求量为21.8亿吨，供大于需；期末库存量为4.7亿吨，比上年度增加4.8%，为2003年以来的最高水平。另一方面，随着世界经济逐步回暖，石油价格震荡走高，将带

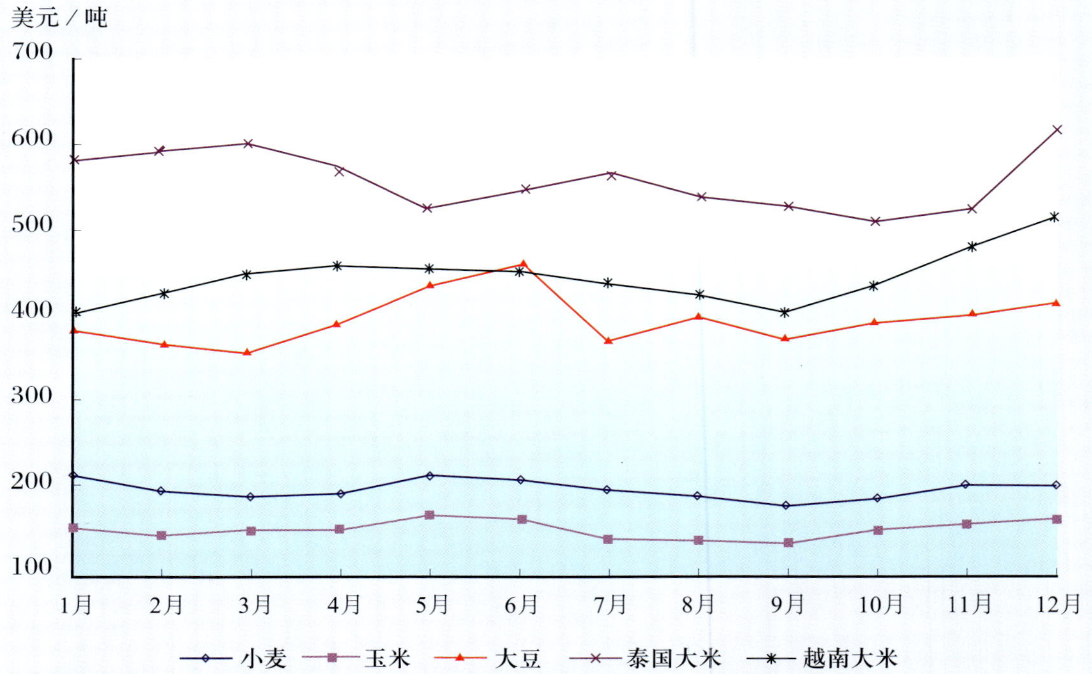

图2-9 2009年国际市场粮食价格走势图

动用于生产生物能源的玉米价格上升，并影响其他粮食价格。此外，受美元币值升降和投机资金炒作等因素影响，国际市场粮食价格波动将较为频繁。

第三部分

粮食供求形势

一 2009年粮食供求形势分析与2010年展望

2009年是新世纪以来我国经济发展最为困难的一年。在国家一系列强农惠农政策的作用下，面对多年不遇的自然灾害，粮食生产再获丰收，连续6年实现增产。全年粮食消费稳步增长，产需总量平衡有余。作为居民主要口粮的小麦和稻谷消费平稳增加；玉米由于养殖和加工需求回升，消费有所增加；在食用油和豆粕需求强劲的拉动下，大豆消费继续增加。受生产成本上涨、国家托市价格的引导，以及需求增加等多种因素的影响，国内粮价总体呈现上涨走势。在国家调控政策的作用下，粮食市场供应充足。据国家统计局统计，2009年粮食总产量为53082万吨，比上年增产211万吨，再创历史新高。据国家粮食局初步预测，当年粮食消费量约为52300万吨，比上年增长600万吨左右。当年粮食产大于需780万吨。社会各类粮食企业库存量也均有不同程度的增加，国有粮食企业库存继续增加，国家粮食库存较为充裕。

2010年，党中央、国务院对农业农村工作提出了“稳粮保供给、增收惠民生、改革促统筹、强基增后劲”的基本思路，强调要坚决守住耕地保护红线，建立保护补偿机制，加快建立健全粮食主产区利益补偿制度，有关扶持政策要向商品粮调出量大、对国家粮食安全贡献突出的产粮大县（农场）倾斜，减少直至取消主产区粮食风险基金地方资金配套，坚持对种粮农民实行直接补贴，增加良种补贴和农机具购置补贴，落实小麦最低收购价政策，继续提高稻谷最低收购价，扩大销区粮食储备规模，适时采取玉米、大豆、油菜籽等临时收储政策，支持企业参与收储，健全国家收储农产品的拍卖机制，加大力度建设粮、棉、油、糖等大宗农产品仓储设施，做好调控预案，保持农产品市场稳定和价格合理水平，加强农产品进出口调控，实行灵活高效的农产品进出口政策等。总体上看，我国率先实现了经济形势总体回升向好。虽然国际金融危机对实体经济负面影响仍然存在，保持经济平稳较快发展所面临的形势比较复杂，但农业和粮食经济运行和发展势头要好于上年。初步预计，2010年国内粮食供需保持基本平衡，如果粮食主产区不发生大的自然灾害，粮食产量将稳定在5亿吨以上，消费保持平稳增加。综合考虑国内物价总体稳步上涨，原油等能源价格、农业生产资料价格以及劳动力价格上涨推高粮食生产成本，国家继续提高粮食最低收购价水平，国内通胀预期比较强烈，国际主要农产品价格高位震荡和资金炒作农产品等大宗商品的可能性等促使粮价上行的因素，以及国家稳粮增收政策扶持力度的加大，主要粮食品种供求基本平衡，国家粮食库存较为充裕，世界粮食产需形势好转等抑制粮价下行的因素，预计2010年市场粮价将保持平稳上涨走势。

二 主要粮食品种供求形势分析

(一)2009年稻谷供需形势

1.稻谷供给和需求状况

(1) 稻谷连续第6年增产。受惠农支农力度增强和2008年稻谷价格走高拉动，农户生产积极性提高，稻谷播种面积扩大。2009年我国稻谷播种面积为2963万公顷，较上年增加1.3%。其中早稻面积为587万公顷，增加16.2万公顷；中稻面积为1765万公顷，增加22.7万公顷；晚稻面积为618万公顷，增加7万公顷。2009年稻谷单产为6.585吨/公顷，较上年增长22公斤/公顷，增幅为0.3%。其中早稻单产为5.682吨/公顷，比上年增长2.7%；晚稻单产为5.712吨/公顷，提高2.2%；中稻单产为7.212吨/公顷，降低0.4%，主要原因是东北地区稻谷生育期间积温不足，对当地稻谷质量和单产形成不利影响，其他地区稻谷生长状况基本正常。在播种面积扩大和单产水平提高的双重作用下，2009年全国稻谷产量达到19510万吨，比上年增加320万吨，增幅1.7%。

(2) 稻谷消费总量基本稳定。2009年我国稻谷消费与上年基本持平。其中食用消费比上年增加150万吨，主要原因是国内消费人群扩大；饲用消费和工业消费下降，主要原因是2009年芽麦数量比上年增加，替代部分原用于饲料和工业用途的稻谷。

综合分析，我国稻谷市场总量平衡有余，但存在结构性问题。籼稻供给相对充裕，粳稻供应偏紧。受金融危机影响，东南沿海地区外来务工人员明显减少，普通籼米需求疲软，产区大米加工企业原粮采购热情不足。受粳稻需求增长等因素影响，全国粳稻市场需求旺盛。

2.稻谷市场价格走势及成因

(1) 年初稻谷价格持续上行。进入2009年之后，稻谷价格延续上涨势头。尤其是春节后，受销区大米价格上涨拉动，加工企业收购积极性提高，稻谷价格普涨，其中东北地区价格涨幅显著，南方市场涨幅较小；粳稻价格涨幅显著，籼稻价格涨幅较小。

2月下旬，北京市场大米批发价格为3100～3180元/吨，较春节前上涨6%左右。但市场成交量下降，明显低于上年同期水平。受大米价格上涨的抑制，东南沿海地区大米成交量冲高回落，与常年同期水平相比，减少15%左右。上海市场江苏粳米批发价格较春节前上涨3%左右；优质东北米批发价格较春节前上涨9%左右。杭州、福州等市场东北米和江苏、安徽粳米批发价格也有类似涨幅。中晚籼米批发价格普遍上涨60～80元/吨，部分品种上涨120～140元/吨，涨幅为3%～5%。受价格上涨拉动，各销区大米到货量均呈增长趋势。米价上涨抑制需求，成交量下滑。

受销区米价上涨拉动，产区稻谷价格普遍走高。2月下旬，黑龙江绥化地区普通稻谷进厂价格较春节前上涨240～300元/吨，涨幅15%左右。建三江地区普通稻谷进厂价格较春节前上涨

160～200元/吨，涨幅为12%左右。东北地区稻谷价格显著上涨，长江中下游地区粳稻市场所受压制力量减弱，同时受销区大米价格上涨带动，江苏、安徽等地区粳稻价格小幅走高，分别由春节前的1780～1860元/吨和1720～1780元/吨上涨至1860～1960元/吨和1840～1920元/吨。湖南、江西等籼稻产区中晚籼稻收购价格涨幅普遍在40～60元/吨，明显低于粳稻价格涨幅。进入3月以后，随着收储企业稻谷出库量增加和销区大米成交量减少，稻谷价格走势趋稳，东北地区小幅回落。

（2）新粮上市后稻谷市场呈现分化走势。籼稻生长期间天气基本正常，产量小幅提高。受全球金融危机影响，出口形势严峻，东南沿海地区外贸加工企业开工率下降，农民工就业难度加大。外出务工人员返乡数量增加，销区大米加工企业和贸易商从产区采购稻米数量随之减少。湖南、安徽等地部分加工企业在东南沿海市场大米销量占企业全部出货量的比重已较正常水平下降15～20个百分点。2008年早籼稻收购价格冲高回落，贸易商和加工企业亏损严重，2009年早籼稻上市后，各经营主体普遍表现谨慎。此外，临时存储籼稻占用较多仓容，与2008年同期相比，收储企业收购力度明显减弱。早籼稻收购价格由上市初期的1890元/吨逐渐下跌至11月中旬的1800元/吨。中晚籼稻收购价格延续相同走势，收购价格由9月份上市初期的1900元/吨价位下跌至11月中旬1830元/吨。进入11月下旬以后，市场需求回暖，通胀预期有所增强，籼稻价格出现小幅反弹。

2009年春，东北地区遭遇春旱，水稻插秧普遍推迟，其中黑龙江部分地区推迟10～20天。6～7月，黑龙江和吉林地区气温总体偏低，水稻分蘖不足，稻谷品质下降。东北稻谷品质和单产下降，市场预期粳稻减产。2009年秋粮上市之后，加工企业和贸易商收购热情增强，东北地区农户售粮积极性减弱，稻谷市场一度处于僵持状态，稻谷开秤价格高于上年同期200元/吨左右，涨幅超过10%。10月中旬江苏省粳稻上市之后收购价格短期走弱，11月中旬触底反弹，并快速进入上升通道，12月初江苏省粳稻收购价格达到2120元/吨，比11月中旬上涨80～120元/吨。

粳稻价格上涨的主要原因：一是粳稻供求处于紧平衡状况。实施运输补贴政策，东北地区稻米外运量显著增加，本地加工企业原粮库存水平降低。二是东北稻米入关运输补贴政策出台之前，企业普遍预期运费补贴政策会持续，收购力度增大，运输补贴政策发布之后，东北收购价格上涨速度加快。三是销区大米贸易商备货需求增加，产区加工企业开工率提高，黑龙江省经铁路稻米外运需求明显增强，车皮供应紧张，流通不畅。

（二）2009年小麦供求情况

1.小麦供给和需求状况

2009年我国小麦供需形势保持当年新增供给大于需求的格局，小麦产量连续第6年增产，能够满足国内市场需要。

（1）产量增长，进口增加。2009年全国小麦总产量11511.5万吨，比上年增产265.1万吨，增长2.36%。其中冬小麦产量10797.3万吨，比上年增产154.4万吨，增长1.45%；春小麦产量增长

3.56%。

据海关统计，2009年我国共进口小麦90.4万吨，比2008年增加86.1万吨。原因是国际小麦价格回落至2007年大幅上涨前水平，国内小麦价格在政策托升下涨幅显著，美国和澳大利亚等国多数小麦品种在我国南方市场具有价格优势。2009年我国进口的小麦绝大部分来自私营企业配额。国内小麦连续产大于需，库存充足，国有企业基本未进口小麦。由于私营企业进口配额仅占总配额量的10%，2009年我国小麦进口量增幅虽较大，但进口总量仍处于较低水平。

（2）需求略有增加。2009年我国小麦总需求量为10619万吨，比上年增加了169万吨，增幅为1.62%。主要原因：一是制粉消费比2008年增加了50万吨，增幅为0.62%。人口刚性增长推动面粉消费量增加。二是饲用消费有所回升，工业消费继续保持增长，但增幅均很小。饲料用消费增加的主要原因是水产养殖进一步发展，对小麦及次粉作为饲料原料的需求有所增加。2009年前3个季度，华北、黄淮地区玉米价格总体持续上涨，涨幅超过小麦，小麦玉米比价迅速回落，此后随着玉米价格回落，两者比价回升。年内河北、山东、河南及广东等省小麦玉米比价一直未降至1∶1之下，小麦对玉米替代并不明显。因此，小麦饲料用消费量仍明显低于2007年小麦玉米价格倒挂时的水平。小麦工业消费量小幅增加，与2009年河南中南部部分地区及江苏北部芽麦数量较正常年份偏多有关。2009年我国小麦工业消费量比2008年增加了40万吨，增幅为4%，饲料用消费量比2008年增加了80万吨，增幅为8.25%。

小麦出口量较小。据海关统计，2009年我国共出口小麦24.5万吨，比2008年减少了6.5万吨。原因是年内国际小麦价格在经历了2007～2008年的大幅涨跌后处于较低水平，而国内小麦价格在政策的托升下涨幅较大，我国小麦在东亚和东南亚市场缺乏价格优势。

2.小麦市场价格走势及成因

在政策托市下，2009年国内小麦价格总体呈涨势，截至年底已达历史最高水平。除新麦上市初期曾出现季节性回落外，未出现明显下跌。2009年国内小麦价格走势可分为如下四个阶段：

第一阶段（1～2月）：稳步上涨，累计涨幅在40～70元/吨。价格上涨的大背景是2009年小麦最低收购价大幅提高，白小麦每吨提高200元/吨，红小麦和混合麦每吨提高220元。提价后小麦最低收购价明显高于2008年和2009年最低收购价小麦竞价交易底价。市场预期国家将逐步调高最低收购价小麦竞价交易底价，直至与2009年小麦最低收购价基本持平。受看涨预期推动，各类企业参与最低收购价小麦竞价交易的积极性很高，小麦价格随之稳步上涨。2月中旬国家将最低收购价小麦竞价交易底价上调40元/吨，但仍低于2009年小麦最低收购价，市场人士看涨预期依然存在。小麦市场需求仍很旺盛，拉动价格上行并持续到2月底，此时小麦市场价格已与2009年最低收购价基本持平。

第二阶段（3～5月）：基本平稳。随着小麦市场价格与2009年最低收购价基本持平，市场人士看涨预期逐渐减弱，价格随之趋稳。3月中旬，国家再次上调最低收购价小麦竞价交易底价，白小麦上调40元/吨，红小麦和混合麦上调60元/吨。此前小麦市场价格已上涨到位，调整对小麦市场基本没有产生影响。此后直至5月底新麦上市前，价格基本平稳。

第三阶段（6月初～6月中旬）：新麦上市后价格出现季节性回落。6月初，从南往北新麦逐渐上市，因不能立即用于加工，价格出现季节性回落，明显低于2008年陈麦市场价格。由于成熟后期和收割期间持续阴雨，湖北襄樊，河南南阳、商丘、驻马店、漯河、平顶山及江苏北部地区出现较多芽麦，绝大多数为等外品，其价格远低于正常品质小麦。

第四阶段（6月下旬～年底）：稳步上涨至历史最高水平。该阶段小麦价格累计涨幅超过200元/吨。最低收购价小麦收购预案启动后，新麦价格很快上涨至2009年小麦最低收购价的水平。鉴于2009年小麦最低收购价较2008年提高了200～220元/吨，并且主导了自2008年第四季度以来的大幅上涨行情，市场人士普遍预期2010年小麦最低收购价仍将提高，且幅度仍将较大。在这样一种强烈看涨预期下，加工企业和贸易商收购小麦积极性很高，进一步推动价格上涨。10月中旬，国家宣布2010年小麦最低收购价在2009年的基础上提高60元/吨。随后又于10月下旬宣布上调最低收购价小麦竞价交易底价：白小麦上调50元/吨，红小麦和混合麦上调40元/吨。两次调价推动小麦价格继续上涨。同时，由于竞价交易底价上调幅度小于2010年最低收购价上调幅度，市场人士普遍预期未来国家将再次上调最低收购价小麦竞价交易底价，这种看涨预期推动价格继续缓慢上涨，这种局面一直持续到年底。

(三)2009年玉米供求情况

1.玉米供给和需求状况

2009年我国玉米产量小幅下降，出口数量很少，国内玉米消费小幅回落，当年节余数量增加。

（1）产量小幅下降，进口量增加。2009年玉米产量为16397万吨，比上年减少194万吨，减幅1.2%。进口各种用途玉米8.4万吨，比上年增加3.4万吨，增长70.1%。

（2）需求小幅减少，出口量下降。2009年国内玉米总消费量比上年略有减少。其中饲料用消费量与上年持平。工业用消费量比上年减少250万吨，减幅6.1%。2009年出口玉米12.9万吨，比上年减少12.3万吨，减幅48.9%。

2.玉米市场价格走势及成因

2009年国内玉米价格持续震荡回升，上半年国内临时存储玉米托市收购和顺价销售是推动价格上涨的主要原因，下半年需求明显回升以及不利天气成为价格上涨的主要原因。

第一阶段（1～3月）：价格从谷底恢复上涨。国家在1月上旬和2月中旬分别下达了2000万吨和1000万吨东北玉米临时存储收购计划，使临时存储玉米收购计划量累计达到4000万吨。东北地区临时存储玉米托市收购，有效拉动玉米价格回升。3月底，长春地区加工企业二等玉米挂牌收购价格为1500元/吨，比春节前上涨150元/吨；大连港口二等烘干玉米平仓价格为1670元/吨，比春节前上涨170元/吨。石家庄和滨州地区加工企业二等玉米挂牌收购价格为1500、1530元/吨，分别比春节前上涨140、170元/吨。

第二阶段（4～6月）：价格小幅波动。受临时存储托市收购结束、加工企业收购能力下降、销区需求不振等因素影响，5月东北地区玉米收购价格小幅回落。进入6月，产区商品玉米存量逐渐下降，东北玉米价格企稳走强。4～6月关内地区玉米价格逐渐追随东北玉米价格上涨，并在5月底结束与东北玉米价格的倒挂。6月底长春地区加工企业二等标准水分玉米挂牌收购价格为1480元/吨左右，比3月底回落20元/吨；大连港口二等烘干玉米平仓价格为1650元/吨，比3月底回落20元/吨。石家庄、滨州地区加工企业二等玉米挂牌收购价格为1580、1660元/吨，分别比3月底上涨80、130元/吨。

第三阶段（7～9月）：价格继续回升。7月中旬以后，北方产区尤其是东北产区遭遇严重干旱灾害，市场普遍预期玉米可能会有较大幅度减产，看涨预期不断积聚。国内玉米需求恢复增长后，用粮企业采购玉米数量放大，拉动玉米价格快速上行。7月国家开始在东北地区投放国家临时存储玉米，9月开始在销区投放国家临时存储跨省移库玉米，政策性粮源逐渐加大投放，抑制了玉米价格上涨。

第四阶段（11～12月）：价格反季节上涨。国家临时存储玉米顺价销售，支撑秋粮收购价格以较高起点开秤。11月上旬我国北方地区发生严重暴雪灾害天气，玉米价格迅速攀升。产销区用粮企业急需补充库存，玉米上市数量较上年减少，同时也存在铁路和海运能力不足的问题。11月中旬国家增加销区跨省移库临时存储玉米和临时存储进口小麦投放数量，12月上旬以后华北和东北地区玉米上市量增长，市场供应紧张局面缓和，玉米价格逐渐趋向稳定。

2009年底，河北地区加工企业收购价格1760～1780元/吨，比11月上涨100元/吨，比上年底提高460～480元/吨。山东地区加工企业收购价格为1840～1920元/吨，比11月上涨140～160元/吨，比上年底提高560元/吨。年底大连港口中等玉米平仓价格1800～1810元/吨，比11月上涨60元/吨，比上年底提高320元/吨。

(四)2009年大豆供求情况

1.大豆供给和需求状况

2009年我国大豆产量下降，进口大豆刷新历史纪录，国内大豆供给总体充足，但地区间消费量呈不均衡状态。主要表现为沿海地区大豆供给充足，油厂开工率高，大豆消费量增加；东北内陆地区大豆供给虽然仍较充裕，但价格高于进口大豆，抑制了油厂收购积极性，消费量处于近年来较低水平。

（1）国内大豆减产，进口量刷新纪录。2009年我国大豆产量1498万吨，比上年减少56万吨，减幅为3.6%。进口4255万吨，比上年增加511万吨，增幅达13.6%。全年大豆新增供给总量达到5753万吨，比上年增加455万吨，增幅7.7%。

（2）国内大豆消费量呈增加趋势，出口量减少。2009年我国大豆需求总量5670万吨，比上年增加770万吨，增幅15.7%。其中国内消费5635万吨，比上年增加782万吨，增幅16.0%；出口35万吨，比上年减少12万吨，减幅25.5%。2009年国内大豆食用及工业消费900万吨，比上年增加10万吨，增幅1.1%；榨油消费4650万吨，比上年增加775万吨，增幅20%。其中国产大豆榨油消费500万吨，比上年增加250万吨，主要原因是2009年第四季度国家对黑龙江、吉林、辽宁、内蒙古4省（区）油厂给予补贴，由临储转地储，再由符合条件的油厂加工，数量共计195万吨。进口大豆榨油消费4150万吨，比上年增加525万吨，增幅14.5%，主要原因：一是当年进口大豆数量庞大；二是国内畜禽存栏量大，豆粕需求显著增加。2009年我国大豆种用消费85万吨，比上年减少3万吨，减幅3.4%。

2.大豆市场价格走势及成因

2009年国内大豆价格总体呈现振荡上涨态势，国际市场大豆价格变化是造成国内大豆价格波动的主要动力，年内我国大豆价格走势大体可分为四个阶段。

第一阶段（1～4月）：我国大豆价格总体呈下跌走势。在这一阶段，受金融危机影响，全球经济前景还不明朗，大宗商品价格整体走弱，大豆价格受到压制。除此之外，在美国大豆春播前，市场预计美国大豆播种面积将达到历史最高，国际市场大豆价格下跌。据监测，1～4月到港的进口大豆平均完税成本只有3230元/吨，对国内大豆价格形成压制。国产大豆榨油利润微薄，1～4月黑龙江油厂大体处于盈亏平衡状态，油厂收购大豆意愿很低。4月底，哈尔滨地区油厂大豆收购价格3280元/吨，比年初下跌160元/吨，跌幅4.7%；青岛港进口大豆分销价格为3400元/吨，比年初价格下跌300元/吨，跌幅8.1%。

第二阶段（5～6月）：我国大豆价格快速反弹。这一阶段，南美大豆产量不断下调，2009年阿根廷大豆产量仅3200万吨，比上年减产1420万吨；巴西大豆产量5780万吨，减产320万吨。南美减产使大豆价格受到支撑，美国大豆出口销售良好，库存降到5年来的最低。全球经济复苏迹象显现，各国注入流动性使原油等大宗商品价格显著上涨，基金在大豆市场增持多单，大豆价格受到拉动。国际粮船运费显著上涨，6月底美国海湾地区到我国南方港口粮船运费为59.5美元/吨，比5月初上涨19.2美元/吨，涨幅47.6%，南美到我国粮船运费也有近似涨幅。受上述因素影响，5～6月到港的进口大豆成本显著上升，其中6月到港大豆完税成本达到3610元/吨，对国内大豆价格形成拉动。6月底，哈尔滨地区油厂大豆收购价格3620元/吨，比4月底上涨340元/吨，涨幅10.4%；青岛港进口大豆分销价格为3750元/吨，比4月底上涨350元/吨，涨幅10.3%。

第三阶段（7～9月中旬）：我国大豆价格下跌。这一阶段，美国大豆生长状况良好，大豆播种面积达到历史最高，市场炒作意愿降低，基金前期在大豆市场上增加的多单也迅速减少，9月中旬，芝加哥市场投机基金所持大豆期货和期权净多单为48773张，比6月底减少56039张，减幅达到53.5%。美国农业部在9月的供需报告中预计，美国大豆产量将达到8832万吨，比上年增产778万吨，增幅9.7%；预计2010年巴西大豆产量达到6200万吨，比上年增产500万吨；阿根廷产量5100万吨，比上年增产1900万吨。此时，南美大豆尚未播种，但产量大幅增加的预期对价格带来巨大压力。国内豆油价格下跌，油厂压榨大豆普遍亏损，平均亏损约105元/吨。9月中旬，哈尔滨地区油厂大豆收购价格3320元/吨，比7月初下跌300元/吨，跌幅8.3%；青岛港进口大豆分销价格为3600元/吨，比7月初价格下跌150元/吨，跌幅4.0%。

第四阶段（9月下旬～12月底）：我国大豆价格上涨。在这一阶段，美国大豆获得丰收，不过南美大豆刚刚播种，现货库存很低，出口能力下降，美国大豆销售量好于往年，芝加哥大豆期价受到支撑。我国大豆价格走势强于国际市场，主要原因：一是国家对黑龙江、吉林、辽宁和内蒙古大豆继续实行托市收购，并将符合条件的油厂纳入收购主体；二是玉米、稻米价格上涨，农民惜售大豆，支撑了大豆价格。12月底，哈尔滨地区油厂大豆收购价格3800元/吨，比9月中旬上涨480元/吨，涨幅14.4%；青岛港进口大豆分销价格为3800元/吨，比4月中旬上涨200元/吨，涨幅5.6%。

三 食用油脂油料供求形势分析

2009年我国油料产量连续第2年增加，但由于国内食用植物油和油料消费继续提高，国家实行大豆和油菜籽临时存储收购政策，部分临时存储大豆和菜籽油未进入市场流通，导致植物油和油料进口量继续大幅增加，并创历史最高纪录。受国家对大豆和油菜籽继续实行托市收购政策的影响，2009年我国大豆和油菜籽价格没有出现大幅波动，但由于花生和棉籽产不足需，下半年价格大幅上涨。2009年国内油脂价格受国际市场影响较大，第二季度和第四季度分别出现两次上涨行情，波动幅度明显大于大豆和油菜籽。

(一)油料产量创历史最高纪录

2009年，我国油料（不包含棉籽和大豆）总产量达到3100万吨，比上年增长5%。其中油菜籽产量为1366万吨，增长13.2%，创历史最高纪录；花生产量为1471万吨，增长2.9%，位于历史次高。但由于2009年我国大豆和棉籽产量下降，全年油籽总产量为5750万吨，低于上年的5850万吨。扣除油籽种子、食用和出口，2009年国产油籽折油总产量在1000万吨左右（包括玉米油、米糠油等其他小品种食用植物油）。

(二)食用植物油及油料折油进口总量再创历史新纪录

2009年，我国食用植物油及油料进口折油总量在1900万吨左右，创历史新纪录。当年进口植物油达到950.2万吨（含棕榈油硬脂，下同），较上年增长16.3%，也是历史最高纪录。其中进口豆油239.1万吨，比上年减少19.5万吨，降幅为7.5%；进口菜籽油46.8万吨，比上年增加19.8万吨，增幅高达73.3%；进口棕榈油644.1万吨，比上年增加115.9万吨，增幅为21.9%。2009年我国进口油籽（含大豆）4633.1万吨，比上年增长18.8%，进口油籽折油950多万吨。其中进口大豆4255.2万吨，比上年增加511.6万吨，增幅为13.7%；进口油菜籽328.6万吨，较上年增加198.3万吨，增幅高达152.3%。

(三)油籽出口量小幅下降，油脂出口量大幅下降

2009年，我国出口油籽（含大豆）109.4万吨，比上年下降7.7%。其中出口大豆34.7万吨，下降25.5%；出口花生仁17.5万吨，增长4.8%。当年我国出口食用植物油11.6万吨，比上年下降53.6%。其中出口豆油6.9万吨，下降48.5%；出口菜籽油9132吨，增长28.5%。

(四)国内油脂油料价格走势及成因

2009年国内油脂油料价格走势分为四个阶段：

第一阶段（1月初～3月中旬）：受春节前食用植物油需求增加影响，1月上旬国内食用植物油价格高位坚挺。进入1月中旬后，受需求持续不足影响，国内食用植物油价格持续下跌，3月上旬沿海地区一级豆油价格跌至6300～6500元/吨，较1月上旬下降1200元/吨左右。

第二阶段（3月下旬～6月上旬）：受美元贬值、原油价格上涨及南美大豆产量大降影响，进入3月下旬后，国际市场油脂油料价格持续上涨，国内食用植物油价格走出一轮上涨行情。到6月上旬，沿海地区一级豆油报价集中于7900～8100元/吨，较3月底上涨1600元/吨左右。

第三阶段（6月中旬～9月底）：受美国大豆种植面积增加，产量再创历史纪录影响，6月中旬至7月上旬，国际市场油脂油料价格持续下跌，国内植物油价格大幅回落，7月上旬，沿海地区一级豆油报价降至6800～6900元/吨。7月上旬到9月底，国内食用植物油价格呈现小幅震荡态势。

第四阶段（10月初～12月底）：受国内秋收油料减产以及国际市场油脂油料价格上涨影响，国内油脂油料再次出现一轮上涨行情，在此轮价格上涨过程中，因花生价格暴涨，花生油领涨植物油市场。12月底黄淮地区一级花生油报价集中于15000元/吨，较9月底上涨4000元/吨左右；沿海地区一级豆油报价涨至8000～8100元/吨，较9月底上涨1000元/吨左右。

四 杂粮供求形势分析

2009年，我国杂粮需求大于供给，但尚可维持基本平衡。

(一)2009年杂粮供给量4388.8万吨，比上年减少42.9万吨

1.杂粮产量

2009年，由于北方地区特别是东北和内蒙古

自治区杂粮主产区，在播种和生长的关键时期发生了历史罕见的旱情，持续时间长，受旱面积大，使杂粮生产受到影响，面积和产量都有减少。

2009年杂粮种植面积为1469.5万公顷，比上年减少24.9万公顷，减幅1.7%。荞麦、大麦、红小豆和燕麦的种植面积减幅较大，荞麦种植面积32.2万公顷，比上年减少17.3万公顷，减幅34.9%；大麦种植面积62.6万公顷，比上年减少16.8万公顷，减幅21.2%；红小豆种植面积15.4万公顷，比上年减少4.9万公顷，减幅24.1%；燕麦种植面积10.9万公顷，减少3.1万公顷，减幅22.1%。

2009年杂粮产量4164.8万吨，比上年减少124.5万吨，减幅2.9%。杂粮产量减幅较大的品种是荞麦、红小豆、大麦、燕麦、绿豆。2009年荞麦产量27.7万吨，比上年减少13万吨，减幅32%；红小豆产量22.4万吨，减产9万吨，减幅28.7%；燕麦产量6.2万吨，减产1.5万吨，减幅19.5%；大麦产量231.8万吨，减产50.5万吨，减幅18%；绿豆产量76.9万吨，减产13.5万吨，减幅15%。

2.杂粮进口

2009年杂粮进口总量为224万吨，比上年增加81.6万吨，增幅57.3%，是近年来进口增加较多的一年。主要是大麦进口增加。由于澳大利亚等大麦主产国产量回升，我国大麦进口量达173.8万吨，恢复到两年以前的水平，比上年增加66.2万吨，增幅61.5%；马铃薯淀粉、豌豆、燕麦的进口数量比上年增加幅度也较大。马铃薯淀粉进口3.5万吨，比上年增加2.3万吨，增幅191%；豌豆进口37.2万吨，比上年增加17万吨，增幅84.2%；燕麦进口4.3万吨，比上年增加1.8万吨，增幅72%；绿豆进口0.5万吨，比上年减少7.4万吨，减幅93.7%。

(二)2009年杂粮需求量约4558.2万吨，比上年增加127万吨，增幅2.8%

1.杂粮国内消费

2009年国内杂粮消费量4392.6万吨，比上年增加127.4万吨，增幅3%。从分项来看，其中：工业用粮2166.1万吨，比上年增加33.3万吨，增幅1.6%；饲料用粮1022.4万吨，比上年减少5.9万吨，减幅0.5%；直接食用1204.1万吨，比上年增加100万吨，增幅9.1%。从品种上来看，大麦和绿豆一增一减变化稍大，其他品种增减变化不大。大麦消费404.2万吨，比上年增加15.8万吨，增幅4.1%；绿豆消费50万吨，比上年减少34.5万吨，减幅40.8%，主要原因是产量和进口减少，出口增加。

2.杂粮出口

2009年我国杂粮出口的国家和地区由上年的125个增加到146个。出口数量165.6万吨，比上年减少2.8万吨。出口额10.41亿美元，比上年减少0.1亿美元。绿豆出口27.4万吨，比上年增加13.5万吨，增幅达97%，创汇2.4亿美元，比上年增加1.2亿美元；芸豆出口69.7万吨，比上年减少5.8万吨，减幅7.7%，创汇4.9亿美元，仍是杂粮出口数量和创汇最大的品种。此外，豌豆、谷子出口略有增加，其他品种均为减少。

（三）杂粮国内外市场行情及价格走势

由于受国际金融危机的影响，2009年我国杂粮出口也受到一些影响，出口数量基本与上年持平，出口价格在连续几年上涨的基础上，稳中有降，平均每吨下降7美元。出口价格芸豆每吨下降101美元；红小豆下降94美元，扁豆下降67美元，大麦下降50美元。绿豆、蚕豆、甘薯、高粱和谷子的价格有所上涨，每吨分别上涨了26美元、29美元、89美元、34美元和64美元。

国内杂粮市场也有变化，前几年供需一直维持在基本平衡或供大于求，2009年变为需大于供。个别品种需求量和价格变化明显，如绿豆由于面积减少，产量下降，出口增加，国内消费量也明显下降，价格由上年5月中旬的平均价格每公斤5.10元左右猛升到16.30元左右，随着天气变化，到暑季绿豆需求量还会增加，价格还将维持在高位或小幅上涨。由于绿豆价格上涨，也拉动了部分杂粮价格的上涨。因受国际市场影响，国际市场杂粮一直比国内看好，芸豆等品种的价格会有所上升，货源也将相对紧张；小米、高粱价格变化不会太大。近年马铃薯生产发展较快，预计2010年国内马铃薯产量还会继续增长。

第四部分

粮食流通体制改革

一 粮食流通体制改革的进展情况

2009年，各地区各部门按照中央经济工作会议、中央农村工作会议的部署，认真贯彻落实《中共中央国务院关于2009年促进农业稳定发展农民持续增收的若干意见》（中发〔2009〕1号）和《国务院批转发展改革委关于2009年深化经济体制改革工作意见的通知》（国发〔2009〕26号）精神，推进粮食行政管理部门职能转变，完善粮食价格形成机制，加强和改善粮食宏观调控，推进国有粮食企业改革和发展，粮食流通体制改革取得新进展。

（一）推进粮食行政管理职能转变

各级粮食行政管理部门积极推进职能转变，把工作重心转到粮食市场调控、监管和行业指导、服务上来。广东、浙江等省逐级签订粮食安全责任书，制定考核办法并组织实施，促进了粮食行政首长负责制的落实。积极培育和发展多元市场主体，推进粮食市场体系建设，截至2009年底，具有收购资格的多元市场主体达到6.7万家。继续贯彻落实全国粮食市场体系建设规划，22个省（区、市）出台了本地粮食市场建设规划或指导意见。国家粮食交易中心总数达到22个，全国统一竞价交易平台联网市场达到23家，顺利完成了国家政策性粮食的销售任务。河南、四川等省加快城镇连锁经营店和农村服务网点建设，初步建成了覆盖全省的新型粮油购销服务网络。大中城市成品粮油批发市场继续呈现强劲发展势头，浙江省80%以上的商品粮通过批发市场中转流通。北京、上海、福建、湖北、广东、江苏、宁夏、浙江、贵州等地出台优惠政策，投入专项资金扶持市场建设。

（二）完善粮食价格形成机制

加强稻谷、小麦、玉米等主要粮食品种的成本利润调查，及时提出政策性收购粮食价格水平建议，研究完善粮食价格形成机制。2009年，为保护和调动农民种粮积极性，促进粮食生产稳定发展，国家再次较大幅度提高小麦、稻谷最低收购价格水平，加大国家临时存储稻谷、小麦、玉米、大豆和中央储备大豆、菜籽油的收储力度，合理确定收购价格。创新托市收购机制，引导加工企业入市收购，对17个省份的中央直属和地方油脂加工企业托市收购油菜籽给予每市斤0.10元的一次性补贴，对内蒙古自治区和黑龙江、吉林、辽宁省一定规模以上的大豆压榨企业入市收购大豆给予每市斤0.08元的一次性补贴，对南方16个饲料消费省份的定点企业和中央直属企业到东北三省和内蒙古自治区采购玉米给予每市斤0.035元的一次性补贴。粮食价格形成机制的逐步完善，不仅有利于更好地保护种粮农民利益，也有利于调动多元市场主体入市收购积极性，增强市场活力。

（三）继续加强和改善粮食宏观调控

2009年，各级粮食部门认真落实国家粮食收购政策，使市场粮价保持在合理水平，有效保护了种粮农民利益。据统计，小麦、稻谷和玉米等主要粮食品种政策性收储措施的落实，促进农民增收400多亿元。服从和服务于国家宏观调控、稳定市场粮价的需要，加强中央和地方储备粮管理，指导中储粮总公司落实中央储备粮轮换计划、油料收购计划和进口转储备计划，会同有关部门下达食用植物油地方储备规模指导性计划，2009年末地方粮、油储备分别比上年同期增加2.8%和43%，其中河北、山西、陕西、浙江、新疆等省（区）增加较多。做好政策性粮食竞价销售、移库和产销衔接工作，保障了市场供应，优化了库存区域布局，搞活了粮食流通。2009年政策性粮食通过竞价销售累计成交6550万吨，满足了市场需求。将国家临时存储的575万吨玉米和195万吨大豆划转给地方作为临时储备，定向销售给加工企业，促进国产玉米和大豆的加工转化。下达905万吨临时存储粮和1.9万吨中央储备菜籽油跨省移库计划，充实销区库存，优化了库存布局。多次举办粮食产销衔接交易会、贸易洽谈会、精品展销会，签订粮食购销合同2000万吨。认真落实关内销区到东北采购粳稻（大米）运费补贴政策，采购粳稻（大米）625万吨，有力促进了产销衔接。加强和改进粮食统计工作，认真完成粮食购销存统计、粮油加工业统计和供需平衡调查等基础工作。建立政策性粮食收购五日报、大米市场监测旬报、临时收储油菜籽和东北地区定向销售月报等制度，调整粮油市场信息监测点布局，健全信息监测系统，加强粮食市场监测预警分析，为粮食宏观调控提供了可靠的决策依据。各地进一步完善本地区粮食应急预案，健全应急保障体系，一些省市积极组织培训和应急演练，不断提高应急保障水平。

（四）加快国有粮食企业改革和发展步伐

协调和配合有关部门制定政策性粮食财务挂账消化、未占用农发行贷款的政策性亏损处理、占用商业银行贷款挂账划转，以及支持企业消化经营性财务挂账等政策，明确中央和地方储备粮承储企业免征营业税、印花税、房产税和城镇土地使用税等政策，为企业改革发展创造良好政策环境。加强对企业产权制度改革的指导，严格规范改革改制行为，保护职工合法权益。截至2009年底，全国国有粮食企业总数18163个，其中购销企业12567个，比1998年分别减少65%、59%，企业布局和结构进一步优化，提高了市场竞争力。指导和促进企业加强经营管理，提高经济效益。2009年全国国有粮食企业统算盈利54.04亿元，同比增加32.77亿元，为历史最好水平。其中国有粮食购销企业统算盈利45.2亿元，同比增盈26.9亿元。24个省（区、市）及新疆生产建设兵团实现统算盈利，盈利省份比上年增加7个。北京、上海、山东、湖南和四川5个省（市）连续5年实现统算盈利。

二 现代粮食流通产业发展评价

2009年，全国粮食系统继续深入贯彻落实党的十七届三中全会通过的《关于推进农村改革发展若干重大问题的决定》中关于发展现代农业、确保国家粮食安全和《国家粮食安全中长期规划纲要（2008～2020年）》关于积极发展现代粮食流通产业的有关精神，按照全国粮食局长会议的部署，大力推进以“三个体系、一个保障”为主要内容的现代粮食流通产业，并取得明显成效。

(一)现代粮食流通产业发展成效明显

1.粮食市场体系建设进一步推进，现代粮食市场体系已基本形成

继续贯彻落实全国粮食市场体系建设规划，城乡集贸市场和超市继续发挥服务农民售粮和居民消费、满足日常生活需要的基础性作用，粮食流通更加活跃。粮食批发市场主体更加多元、功能逐步明晰，在贯彻国家粮食收购政策、促进粮食生产发展和农民增收方面继续发挥重要作用。国家粮食交易中心总数达到22个，全国统一竞价交易平台联网市场已达23家，顺利完成了国家政策性粮食的销售任务。早籼稻期货合约在郑州商品交易所上市交易，农产品期货市场利用程度不断提高，已经成为市场经营定价的重要参照及规避经营风险的有效工具，对于完善农产品市场、促进农产品流通、提升农业产业化信息化水平发挥了积极作用。参与粮食收购的市场主体达8.55万家，主要包括国有粮食企业、粮食经纪人、加工企业和个体商户，多元化、多层次主体共同参与，统一开放、竞争有序的现代粮食市场体系已基本形成。

2.粮食宏观调控体系建设进一步加强，保证了市场和价格基本稳定

一是粮食最低收购价、临时存储收购和政策性粮食竞价销售政策措施进一步完善，国有粮食企业继续发挥主渠道作用，为促进种粮农民增收和维护粮食市场稳定发挥了重要作用。2009年，全国各类粮食经营企业共收购粮食28781万吨，其中国有粮食企业收购16387万吨，占总收购量的57%。全年收购托市粮食（含油菜籽）9241万吨，其中小麦4091万吨、稻谷1119万吨、玉米2748万吨、大豆494万吨、油菜籽789万吨。二是粮食储备更加充足，已经成为保证市场供应、应对自然灾害和各种突发事件的重要物质基础。服从和服务于国家宏观调控、稳定市场粮价的需要，中央储备粮行政管理进一步加强，账实相符率、质量合格率、宜存率进一步提高，区域布局进一步改善。地方粮食储备规模进一步充实，管理水平进一步提高。三是粮食应急供应系统建设得到强化，应急供应网点建设、监测预警信息系统建设进一步加强，粮食应急保障水平进一步提高。

3.粮食产业化体系进一步发展，促进了农民增收、企业增效

一是国有粮食企业改革和发展步伐进一步加

快，竞争力和经济效益不断提高。2009年全国国有粮食企业统算盈利54.04亿元，同比增加32.77亿元，为历史最好水平。二是支持现代粮食流通产业发展的力度加大，粮食产业化龙头企业得到进一步培育和发展。国家粮食局会同中国农业发展银行出台支持现代粮食流通产业发展的政策，在政策性粮油收储、自主购销和产业化龙头企业发展等方面，加大信贷支持力度；重新审核重点支持的1684家产业化龙头企业，继续提供贷款支持，促进企业做大做优做强。各地通过信贷支持、财政贴息、退城进郊兴办粮食产业园区等多种方式，积极培育产业化龙头企业，延长产业链条，增强对农民增收的辐射力和带动力。三是粮油仓储、物流设施建设力度加大，"农户科学储粮"、"放心粮油"等民生工程建设取得新进展。继续贯彻落实《粮食现代物流建设规划》，加大粮食流通基础设施建设力度，建设仓储设施和粮食物流通道、物流节点。大力发展粮油精深加工，推进粮食行业科技进步，粮油加工业多元化主体格局初步形成，技术水平不断提升，主要产品产量和企业效益持续增长。继续推进"农户科学储粮"专项和"放心粮油"进农村进社区活动，订单生产、订单收购进一步发展，"粮食银行"、粮食专业合作社发展较快，促进了产业发展，带动了农民增收。

4.粮食流通行政执法监督保障体系进一步健全，维护了粮食流通正常秩序

继续贯彻两部条例，做好粮食收购资格和中央储备粮代储资格审核工作。认真贯彻落实党中央、全国人大和国务院关于制定《粮食法》的要求，认真开展专题调研，积极做好《粮食法（草案）》研究起草工作。继续巩固和加强监督检查体系、质量监测体系建设成果，全国有31个省份及新疆生产建设兵团、82%的市地级和70%的县级粮食部门设立了监督检查机构，纳入国家粮食质量监测体系的质检机构已达197家。进一步完善粮食监督检查和质量安全监管制度，加强粮食市场日常监管和政策性粮食购销专项检查。组织完成全国粮食清仓查库工作，检验和推进了粮食系统各项工作，为加强粮食仓储管理和库存监管积累了丰富经验，为科学实施粮食宏观调控奠定了坚实基础。

（二）发展现代粮食流通产业面临的问题及政策建议

现代粮食流通产业取得长足发展，但与粮食流通工作实际需要和产业结构优化升级的要求相比还有一定差距。主要是：粮油仓储设施的有效仓容和功能不能满足需要，布局不够合理，部分基层网点设施年久失修，据不完全统计，2000多亿斤仓容亟须维修改造；粮食物流体系和市场体系发展在地区间不平衡，粮油加工产能过剩，科技含量和产品附加值低，推动粮油加工业升级的要求愈显迫切；粮食产业化组织程度低，龙头企业缺少政策和资金支持，对产业发展的带动作用还需要增强；加强行业管理、指导推进产业发展的手段和资源与实际需要差距较大。

发展现代粮食流通产业，要立足于促进产业结构升级和科学发展，夯实粮食流通的产业基础，以国家扩大内需为契机，切实加强粮食仓储、物流体系和市场体系建设，提高粮食安全储存水平和流通效率；推动粮油加工业升级改造和

资源整合，优化产业布局，提高加工产品综合利用率；大力培育和发展粮食产业化龙头企业，延长产业链条，促进农民增收、企业增效和经济发展。

一是加强粮食流通基础设施建设。加快建设粮食现代物流体系，落实1500万吨储备仓容和175万吨储备油罐建设任务，加快粮食仓储设施维修改造和技术更新，建设大型粮食物流节点，继续推进“放心粮油”工程和农户科学储粮工程，努力降低粮食储运环节的损失损耗和流通成本。

二是进一步完善现代粮食市场。推进国有粮食企业改革，做优做大做强国有粮食企业；发展和规范多元粮食市场主体，规范粮食交易行为；培育粮食产业化龙头企业，调整加工业产业结构，逐步延长粮食产业链条。

三是加强和改善粮食宏观调控，完善粮食最低收购价和临时收储、政策性粮食竞价销售等政策措施，优化中央储备粮油布局和品种结构，加强地方粮油储备，健全粮食预警系统和应急保障体系，维护粮食市场和价格基本稳定。

四是进一步推进依法管粮。抓紧出台《粮食法》，修订《中央储备粮管理条例》和《粮食流通管理条例》，完善相关配套办法，为加强全社会粮食流通监管提供制度保障。加强监督检查，维护粮食流通正常秩序。

三 国有粮食企业改革现状分析及对策

（一）国有粮食企业改革现状

2009年以来，各级粮食部门以科学发展观为指导，围绕粮食流通中心工作，积极应对国际金融危机和粮食市场形势变化的影响，不断深化国有粮食企业改革，加强企业经营管理指导，取得了积极成效。

1.企业历史包袱基本解除，经营环境进一步改善

2009年，在“三老”历史包袱基本解除的基础上，各级粮食部门认真研究解决历史遗留问题，进一步减轻企业负担。国家粮食局配合财政、金融等部门出台了政策性粮食财务挂账管理和消化处理政策，明确了政策性财务挂账消化、未占用农业发展银行贷款的政策性亏损处理，以及占用商业银行贷款的政策性挂账划转等有关政策。同时，协调财政、税务部门出台了《关于部分国家储备商品有关税收政策的通知》（财税〔2009〕151号），明确对承担政策性粮油储备任务的企业免征营业税、印花税、房产税和城镇土地使用税，大大减轻了储备粮油承储企业税收负担。

各地还积极采取措施，做好企业富余人员分流安置和再就业。截至2009年底，全国国有粮食企业职工总数为64万人，其中购销企业职工45.8万人，分别比上年减少6万人、5.8万人，减幅分别为8.5%、11.2%。各地积极争取地方政府支持，多渠道解决国有粮食企业分流安置职工和离

退休人员所需资金，维护职工合法权益。2009年度，全国国有粮食企业安置富余职工3.4万人，其中购销企业2.2万人。1998～2009年，全国国有粮食企业累计安置富余职工131.7万人，其中购销企业87万人。

2.企业产权制度改革继续推进，布局和结构进一步优化

2009年，国有粮食企业产权制度改革不断深化，企业通过兼并重组，促进了资源优化配置，实现了布局和结构的进一步优化。截至2009年底，全国国有粮食企业总数18163个，其中购销企业12567个。与2008年相比，分别减少826个、995个，减幅4.3%、7.3%。现有国有粮食企业中已改制企业数11197个，其中购销企业8399个，分别占现有企业数的61.6%、66.8%。尽管国有粮食企业数量减少，但布局和结构进一步优化，市场竞争能力不断提高。截至2009年底，全国国有粮食企业累计收购粮食16386.5万吨，占各类粮食企业收购量的56.9%，继续发挥主渠道作用。

3.企业加快转变发展方式，经济效益进一步提高

2009年，在各级粮食部门的认真指导和国有粮食企业的努力下，国有粮食企业不断转变发展方式，企业经营管理继续保持了良好态势。一是盈利额增加，全国纳入统计的国有粮食企业实现统算盈利54.04亿元，比上年增长1.5倍。二是盈利面进一步扩大，北京、天津、吉林、黑龙江、上海等24个省（区、市）及新疆生产建设兵团实现统算盈利，盈利省份比上年增加7个，其中江苏省实现了县县盈利。北京、上海、山东、湖南和四川5省（市）连续5年实现统算盈利。

（二）国有粮食企业改革中存在的主要问题

目前，国有粮食企业改革和发展中还存在一些问题亟待解决。突出表现在：国有粮食企业历史遗留问题还没有彻底解决；企业竞争力相对较弱，大企业大而不强，中小企业多而不活；粮食产业化发展水平较低，产业链条联结不紧密；企业经营环境需要进一步改善等。

（三）进一步推进国有粮食企业改革的对策

1.继续妥善解决企业历史遗留问题，减轻企业负担，增强企业发展潜力

一是结合企业改革改制，通过贷款重组、呆账核销等多种办法处理企业经营性挂账。同时，努力提高国有粮食企业经营管理水平，增加企业盈利能力，积极消化经营性挂账。二是争取地方各级人民政府安排专项资金，解决前几年国有粮食企业富余职工分流安置中的资金缺口，落实社会保障和再就业政策，为进一步深化企业改革创造良好的条件。

2.进一步推进国有粮食购销企业战略性重组，完善购销网络，增强企业竞争实力

加大对基层国有粮食购销企业产权制度改革力度，打破区域限制，以县级骨干粮库为主体，实行兼并重组，组建公司制、股份制粮食企业，完善购销网络。积极培育大型粮食企业集团，鼓励大型国有粮食经营企业收购、兼并基层粮食购销企业，延伸购销网络，调动国有粮食企业做大做强的积极性，增强企业竞争实力。支持基层国有粮食购销企业创新购销经营方式，摆脱经营困境。

3.积极支持骨干粮食产业化龙头企业延伸产业链条，发展产业化经营，增强企业经营能力

择优扶持若干个有竞争力、带动力、效益好的大型骨干粮食产业化龙头企业发展，建立粮食生产基地，延伸和完善产业链条。鼓励骨干产业化龙头企业收购、兼并和参股基层粮食购销企业，增强购销服务功能。推动有条件的骨干产业化龙头企业向粮食科研、生产、收购、加工、销售一体化发展，培育知名品牌，增强企业竞争力和影响力。支持骨干产业化龙头企业开展技术创新和技术开发，加大科技投入，全面提升企业的自主创新能力。

4.盘活现有国有粮食企业资产，发展新型粮食流通经营业态，增强企业经营活力

充分利用现有国有粮食企业仓储设施及场地资源，完善农村服务网点，发展农村粮油连锁经营，推进"放心粮油"进农村活动。通过企业带动、政府支持，建设城镇粮油食品配送中心，发展快餐连锁经营。根据粮食产销区特点，探索"粮食银行"发展模式，搞活粮食流通。结合各地实际，探索建立粮食产业发展融资担保渠道，促进粮食流通产业发展。

5.落实和完善相关政策，为进一步深化国有粮食企业改革创造良好条件

指导国有粮食企业规范改革改制行为，保障国有资产安全，维护企业职工合法权益。加大对国有粮食企业仓库等基础设施建设和维修力度，提高企业仓储和购销服务功能。拓宽企业融资渠道，切实解决基层粮食购销企业自主经营贷款难问题。争取各级政府对粮食产业化发展的支持，加快推动企业发展方式转变。进一步落实和完善国有粮食企业有关税收政策。

四 国有粮食企业经营管理情况分析

(一)国有粮食企业经营管理情况

2009年，各级粮食部门深入学习实践科学发展观，认真贯彻落实中央"保增长、调结构、促改革、惠民生"的有关政策，积极应对全球金融危机影响，进一步加强对国有粮食企业经营管理工作的指导，巩固成果，创新机制，国有粮食企业继续保持良好发展态势，在2007年、2008年连续两年统算盈利的基础上，当年又实现统算盈利54.04亿元，其中中央企业盈利31.97亿元，地方国有粮食企业盈利22.07亿元。北京、天津、吉林、上海、江苏、浙江、安徽、福建、江西、山东、河南、湖北、湖南、广东、广西、四川、重庆、贵州、云南、陕西、甘肃、青海、宁夏、新疆24个省（区、市）及新疆生产建设兵团国有粮食企业实现统算盈利。

(二)国有粮食企业经营管理情况分析

2009年，国有粮食企业经营管理继续保持良

好发展态势的主要原因：一是各级粮食部门高度重视国有粮食企业经营管理工作，进一步加强了对企业经营管理工作的指导，继续实行和强化扭亏增盈目标考核制度，落实扭亏增盈信息通报制度和对重点企业经营分析制度，及时了解和掌握国有粮食企业经营管理情况，认真研究解决存在的问题。二是各级粮食部门指导国有粮食企业认真执行国家粮食最低收购价政策及临时存储政策，积极入市收购，搞活粮食购销，继续发挥主渠道作用，既有效稳定了市场粮价，保护了种粮农民利益，又掌握了粮源，取得了政策性补贴收入。同时，还积极指导企业认真分析和准确判断粮食市场形势，规避经营风险，灵活开展自主粮食购销，尤其是帮助企业协调落实粮食收购资金，搞好粮食收购。据统计，截至2009年底，全国国有粮食企业累计收购粮食16386.5万吨，占各类粮食企业收购量的56.9%，继续发挥主渠道作用。三是继续研究解决企业“三老”遗留问题，尤其是各地采取多种方式，积极处理企业经营性财务挂账，切实减轻了企业负担，为国有粮食企业经营发展创造了有利条件。四是进一步推动企业深化改革，加大企业产权制度改革力度，转换经营管理机制，增强了企业市场竞争能力。五是以2009年全国粮食清仓查库为契机，指导企业加强内部管理，努力开展增收节支，提高了企业经济效益。

尽管国有粮食企业实现连续三年统算盈利，但在经营管理中还存在不少困难和问题：企业“三老”遗留问题还没有彻底解决，负担较重；企业经营主要依靠政策性收储，经营基础不够牢固；部分基层国有粮食购销企业自主经营困难，竞争力不强；企业经营发展的政策环境需要进一步改善等。

(三)进一步做好国有粮食企业经营管理工作的措施

各地粮食主管部门要从加快国有企业改革和发展、促进粮食流通产业发展方式转变、更好地构建粮食安全保障体系的高度，进一步加强对国有粮食企业经营管理工作的指导。指导各地认真贯彻落实各项粮食财务政策，妥善解决企业“三老”遗留问题，切实减轻企业负担；抓好国有粮食企业改革和发展联系点工作，积极完善政策措施，继续深化国有粮食企业改革；协调拓宽资金渠道，指导企业因地制宜，搞好粮食购销和经营，巩固和扩大经营管理成果；积极争取各级政府的政策和资金支持，为国有粮食企业改革发展创造良好条件；指导企业进一步加强内部管理，转变发展方式，提高发展质量；规范财务核算，努力增收节支，不断提高企业经济效益。

第五部分

粮食宏观调控

一 2009年粮食最低收购价政策执行情况

综合考虑粮食生产成本增加等多种因素，为保护种粮农民利益，促进粮食增产和农民增收，2009年国家再次较大幅度提高了最低收购价水平。在总结近几年经验的基础上，国家有关部门研究制定了2009年小麦、早籼稻和中晚稻最低收购价执行预案，进一步完善预案启动机制和补贴机制，细化具体操作措施，确保了预案的顺利实施。2009年，6个小麦主产省全部启动执行预案，安徽、江西、湖南、湖北4省启动了早籼稻预案，安徽、江西、湖北、湖南、四川、河南6省启动了中晚稻预案，其中早籼稻预案是时隔两年后再次启动。粮食收购期间，各级粮食行政管理部门及时派出工作组，深入基层调查研究、检查指导收购工作，协调解决收购过程中出现的问题，保证收购工作顺利进行。

2009年部分地区受连阴雨天气影响出现芽麦问题，国家粮食局和有关部门迅速派出工作组赴灾区进行实地调查，研究芽麦收购的相关措施。明确将5省36个地市不完善粒在20%以内的等内小麦列入最低收购价收购范围；对不完善粒超过20%的芽麦，要求各地按照“政府组织、市场运作、适当补贴、严格监管”的原则，统一组织好专项收购，切实保护受灾地区农民利益。考虑到部分地区灾情较重，中央财政还对损失较大的农户给予适当的农业生产救灾补助。通过采取以上措施，减少了农民灾后损失，有效解决了芽麦地区“卖粮难”问题。

据统计，2009年共收购最低收购价粮食4830万吨，同比增加475万吨，其中收购小麦3985万吨，早籼稻275万吨，中晚稻570万吨，基本满足了农民的售粮需求。最低收购价政策的落实，对保护农民种粮积极性发挥了积极作用。

二 2009年国家临时收储政策要点及调控效果

为保护种粮农民利益，稳定市场价格，2009年国家继续在部分主产区对玉米、大豆、油菜籽等实行临时收储政策，并首次对新疆的小麦实行临时收储，同时创新托市收购机制，引入加工企业等入市收购，充分发挥市场机制的作用。

(一)实行油菜籽托市收购，促进油菜籽生产发展

一是积极创新托市收购机制，引入加工企业积极参与托市收购，充分发挥市场机制作用。在委托中储粮总公司进行国家临时收储的基础上，由国家有关部门委托中央直属企业、省级人民政府委托地方国有或民营油脂加工企业共同参与托市收购，并由中央财政给予一次性费用补贴。同时，地方政府指定地方储备企业入市收购油菜籽加工成菜籽油充实地方储备。二是扩大托市范围。根据近年来油菜籽生产情况，明确了内蒙古、江苏、浙江、安徽、江西、河南、湖北、湖南、重庆、四川、贵州、云南、西藏、陕西、甘肃、青海和新疆17个省（区、市）为油菜籽托市收购范围。三是延长托市时间。冬播油菜籽产区执行期限为2009年6月1日～9月30日。春播油菜籽产区执行期限初定为2009年9月1日～12月31日，根据油菜籽收购实际情况，又将收购期限延至2010年2月底。总体看，引入国有和民营加工企业参与托市收购后，企业入市收购积极性高，油菜籽收购进度快、数量大，市场价格明显回升，有效地遏制了价格下行的趋势，市场机制作用得到了发挥，既保护了农民利益，有利于发展油料生产，又扶持了国内油脂加工企业，促进了食用油产业的健康发展，地方政府、农民对国家托市收购政策都比较满意，托市政策效果明显。

(二)临时收储新疆小麦，维护边疆粮食购销市场和社会稳定

经报请国务院批准，2009年8月，国家首次对新疆2009年产小麦实行临时收储政策，共收购105万吨，解决了新疆小麦收储难的问题，保护了当地种粮农民利益，对于维护边疆地区粮油市场平稳和社会稳定发挥了重要作用。

(三)继续对东北地区玉米和大豆实行托市收购，促进粮食产业健康发展

一是国家继续对内蒙古和黑龙江、吉林、辽宁4省（区）2009年产玉米和大豆实行临时收储政策，并改进收购管理办法，不再下达收购计划，由委托收储企业实行敞开收购。二是参照油菜籽托市收购政策，引入加工企业参与收购。对内蒙古和辽宁、吉林、黑龙江4省（区）规模以上的大豆压榨企业入市收购大豆给予一次性费用补贴，对上海、江苏、浙江、安徽、福建、江西、湖北、湖南、广东、广西、海南、重庆、四川、贵州、云南、西藏南方16个饲料消费省份的指定加工企业、中央直属企业和储备企业到东北三省一区采购玉米给予一次性费用补贴。通过采取上述措施，有效地保护了种粮农民利益，稳定了粮食市场价格，促进了粮食流通产业的健康发展。

三 2009年临时存储粮油购销调运情况

(一)收购情况

一是继续在主产区对油菜籽实行托市收购政策。截至2010年2月底托市收购执行期结束，中储粮委托企业、中央和地方委托油脂加工企业共托市收购油菜籽710万吨，对发展油料生产和扶持国内加工企业发挥了积极作用。二是对东北三省和内蒙古的玉米和大豆继续实行临时收储政策。截至2010年3月底，各类企业共收购玉米3560万吨、大豆670万吨。此外，国家还首次对新疆维吾尔自治区下达了2009年产小麦临时收储计划，实际收购105万吨。

(二)销售情况

按照国家有关规定，根据市场需求、价格走势以及宏观调控需要等情况，合理安排最低收购价和临时存储粮等政策性粮食的销售工作，2009年共成交政策性粮食6550万吨，有效保证了市场供应，稳定了市场价格。一是进一步完善交易办法。积极推进批发市场联网交易，加强资金结算管理，简化出库手续，促进政策性粮食竞价销售的制度化、规范化。2009年全国开展联网交易的粮食批发市场已达到23个，累计成交国家政策性稻谷925万吨、小麦3980万吨、玉米1630万吨、大豆15万吨。二是合理确定销售底价。三次提高最低收购价小麦的竞价销售底价，适当下调进口小麦和国家临时存储籼稻销售底价，及时发出明确信号，引导市场预期。三是对东北地区玉米、大豆加工企业实行定向销售。及时安排将部分国家临时存储玉米和大豆划转给地方，由地方组织定向销售给加工企业，有效解决了东北地区玉米和大豆加工企业的用粮需求。

(三)调运情况

为妥善解决东北地区仓容不足的问题，缓解粮食收储压力，2009年，国家分3批下达了临时存储粮跨省移库计划905万吨，其中玉米750万吨，大豆155万吨，全部为东北地区收购的国家临时存储粮食，跨省移库计划已全部按期完成。政策性粮食的跨省移库，不仅缓解了主产区收储压力，充实了销区库存，改善了库存地区布局，而且对稳定市场预期、满足市场需求、保持价格稳定发挥了积极作用。

有力地促进了产销衔接，搞活了粮食流通。

2010年，要进一步加强粮食产销合作，按照“做强企业，深度合作，扩大规模，共同发展”的思路，引导和支持沿海、西南、西北地区的粮食销区与主产区建立多形式、深层次、长期稳定的产销合作关系，促进粮食品种结构和区域供求基本平衡。一是要继续做好关内销区到东北地区采购粳稻（大米）、玉米的运输工作。粮食部门要加强组织协调，落实好已签订的购销合同，督促买卖双方认真履约，及时摸清运输需求，加强产销区粮食部门间的联系，积极与铁路、交通等部门沟通、协调，共同做好粮食运输工作。二是要积极推动产区与销区建立长期稳定的粮食产销合作关系，努力扩大合作规模和范围，提升产销合作水平，促进粮食有序顺畅流通。

第六部分

粮食依法行政

一 粮食行业依法行政现状分析

2009年，各级粮食行政管理部门深入贯彻落实国务院《全面推进依法行政实施纲要》，紧紧围绕粮食流通中心工作，扎实推进依法管粮，粮食依法行政工作取得明显成效。粮食行业广大干部职工的法律素质逐步提高，粮食行政机关工作人员依法行政的意识和能力进一步增强，粮食行政管理部门依法行政的公信力得到提高。

(一)加强粮食法制建设，重点做好《粮食法》研究起草工作

认真做好《粮食法》研究起草各项工作。2009年1月，国务院将《粮食法》列入2009年国务院立法工作计划，并确定由国家发展改革委和国家粮食局负责起草。国家发展改革委、国家粮食局会同有关部门按照国务院的有关要求，认真做好《粮食法》研究起草工作。一是成立《粮食法》起草领导机构和工作机构。为加强对《粮食法》起草工作的组织领导，根据全国人大、国务院的有关精神，成立由国家发展改革委和国家粮食局等17个部门有关负责同志组成的《粮食法》起草工作领导小组，国家发展改革委副主任张晓强任组长，国家粮食局局长聂振邦任副组长。领导小组下设起草工作组，作为专门的研究起草工作机构，工作组由领导小组成员单位的相关司局级负责同志组成，国家粮食局副局长、《粮食法》起草工作领导小组成员任正晓兼任工作组组长。工作组办公室设在国家粮食局，负责工作组日常工作。二是研究确定涉及《粮食法》起草的重要事项。认真研究讨论《粮食法》起草工作思路、进度安排、专题调研、起草工作专家组以及起草工作简报等有关问题。10月，召开《粮食法》起草工作领导小组第一次会议，审议并原则通过了上述涉及《粮食法》起草的重要事项，为下一步《粮食法》研究起草奠定了坚实基础。三是组织开展《粮食法》专题调研。按照《粮食法》起草工作统一部署，《粮食法》7个专题调研组先后到13个省（区）开展专题调研，通过召开座谈会、实地走访等形式，广泛听取地方政府及其相关部门、行业协会、粮食生产者、经营者、消费者和人大代表、政协委员的意见、建议，提出了很多很好的立法建议，为《粮食法》的研究起草提供了重要依据。四是积极做好《粮食法》起草的基础性工作。做好《粮食法》相关资料的梳理工作，认真收集整理编辑《粮食法》相关立法资料，为《粮食法》研究起草提供了理论支撑和实践依据；及时编发《粮食法》起草工作简报并分送各相关部门，便于领导小组各成员单位及时掌握《粮食法》起草工作的进展情况。

继续健全两部条例的配套规章制度。根据《中央储备粮管理条例》和《粮食流通管理条例》（以下简称《条例》）的实施情况和实际工作需要，认真做好粮油仓储制度、粮食质量监管制度和军粮管理制度的制（修）订工作。各地也积极推进本地粮食立法工作，广东省人大

常委会于2009年3月通过了《广东省粮食安全保障条例》；四川省、安徽省和内蒙古自治区人民政府分别制（修）订了《四川省〈粮食流通管理条例〉实施办法》、《安徽省省级储备粮管理办法》、《内蒙古自治区粮食流通管理办法》等地方规章。

（二）认真开展粮食普法依法治理工作，积极推动“五五”普法工作的贯彻落实

1.制定了2009年粮食行业普法依法治理工作要点

根据《全国普法办公室关于印发〈2009年全国普法依法治理工作要点〉的通知》和《全国粮食行业法制宣传教育第五个五年规划》精神，结合粮食工作重点，制定下发了《2009年全国粮食行业普法依法治理工作要点》，对2009年的普法工作进行了安排，确保普法工作有计划、有步骤地推进。

2.全面总结粮食行业“五五”普法中期工作

按照中央宣传部、司法部、全国普法办的要求，及时对全国粮食行业“五五”普法情况进行全面总结。广泛宣传和及时推广先进经验，认真查找存在的问题和不足，将粮食普法依法治理工作不断引向深入，进一步推动了《全国粮食行业法制宣传教育第五个五年规划》确定的各项目标任务的贯彻落实。

3.认真做好《条例》五周年宣传活动

在《粮食流通管理条例》颁布实施五周年之际，以“加强宏观调控，保障国家粮食安全”为主题，在全社会组织开展系列宣传活动，重点对粮食收购、销售等市场秩序方面的规定，以及粮食经营企业最低最高库存量制度、粮食最低收购价政策、粮食应急机制等方面的内容进行宣传。召开《条例》五周年座谈会，总结交流贯彻实施条例的经验和有效做法，分析粮食工作中的难点和热点问题。各地也结合本地情况，创新宣传形式，认真组织开展《条例》五周年宣传活动，通过制作和张贴有关宣传材料，举办各类现场宣传活动，借助各类媒体开展宣传，深入粮食企业开展宣传等多种形式，开展了一系列内容丰富的《条例》宣传活动，进一步拓宽了粮食法制宣传的覆盖面，增强了《条例》的社会影响力。

（三）积极做好行政复议工作，努力化解行政争议

按照国务院的有关要求，积极做好行政复议各项工作。一是全面贯彻全国行政复议工作经验交流暨“双先”、“双优”表彰大会和第三次国务院部门行政复议协作会的精神，认真研究当前粮食行政复议工作面临的新形势、新任务，加大对地方粮食行政复议工作的指导力度，积极推进新形势下的粮食行政复议工作，切实发挥行政复议化解行政争议的作用，为粮食流通中心工作服务。二是加强对粮食行政复议和诉讼情况的分析研究，定期向国务院法制办报送办理行政复议和行政应诉案件的情况。

（四）认真做好粮食行政许可工作，继续加强粮食监督检查工作

1.认真做好粮食收购资格审核和中央储备粮代储资格认定工作

认真研究粮食收购领域的相关政策措施，与

有关部门充分沟通，提出依法规范粮食收购市场的意见建议；积极指导地方开展粮食收购资格审核工作，截至2009年底，全国具有粮食收购资格的经营者达到8.55万家。继续健全中央储备粮代储资格认定工作制度，优化中央储备粮代储资格企业布局。截至2009年底，全国具有中央储备粮、油代储资格的企业分别为1907户和208户。

2.继续做好粮食监督检查工作

继续巩固和加强监督检查和质量监测体系建设成果，进一步完善粮食监督检查和质量安全监管制度，加强粮食市场日常监管和政策性粮食购销专项检查。截至2009年底，全国31个省（区、市）及新疆生产建设兵团、82%以上的市、70%的县级粮食部门设立了监督检查机构，纳入由国家粮食质量监测体系的质检机构近200家。

(五)深入开展粮食依法行政示范创建活动，进一步提高基层粮食部门依法行政的能力和水平

建立健全依法行政示范单位动态管理制度，对起不到示范作用的单位依法取消其荣誉称号；对示范创建活动中涌现出的先进单位，经验收合格，按照程序及时进行增补。召开部分粮食依法行政示范单位座谈会，通过现场交流、实地查看、编发经验材料等多种方式，充分发挥依法行政示范单位的辐射带动作用，及时总结推广依法行政示范单位工作的典型经验，粮食行政执法程序和行为进一步规范，基层粮食部门依法行政的能力和水平得到提高。

(六)继续做好依法行政、依法管粮工作

粮食依法行政工作取得成绩的同时，还存在一些不容忽视的问题：一是依法行政的观念和能力还需提高；二是粮食法制建设有待加强；三是部分粮食部门职能转变较慢。这些情况表明，粮食部门推进依法行政的任务还十分繁重。当前，粮食依法行政的重点工作是：

1.切实加强粮食法制建设

按照立法程序和工作安排，认真做好《粮食法》研究起草的各项工作。继续贯彻执行《中央储备粮管理条例》和《粮食流通管理条例》，健全两部条例的配套规章制度。

2.扎实开展粮食普法依法治理工作

积极推动粮食行业“五五”普法规划的贯彻落实，做好“五五”普法规划总结验收工作，抓好基层粮食部门贯彻《条例》的检查，总结交流地方粮食依法行政示范单位的经验和做法。

3.加大粮食流通服务与监管工作力度

积极引导和规范粮食市场多元主体的收购活动，依法加强对最低收购价、临时储存等粮食库存例行检查和政策性粮食购销活动的监督检查，以及收购资格、代储资格、质量安全等专项检查。

4.加强粮食行业依法行政研究

总结贯彻国务院《全面推进依法行政实施纲要》的做法和经验，研究提出粮食部门进一步推进依法行政的意见，并做好组织实施工作。

二 2009年全国粮食清仓查库情况分析

2009年开展的全国粮食清仓查库，是国务院为应对国际金融危机、夯实粮食宏观调控物质基础作出的一项重大决策。各级粮食部门按照国务院要求和全国粮食清仓查库工作部际联席会议的具体部署，本着对国家和人民高度负责的态度，增强主动意识，担当主角重任，发挥主导作用，圆满完成了这项光荣而艰巨的任务。清查结果表明，全国粮食库存数量真实，质量良好，储存安全，管理比较规范。2009年3月末，全国国有粮食企业粮食总库存22540万吨（原粮），账实相符率为99.7%，质量合格率为97.1%，宜存率为99.1%。通过全面清查，摸清了国有粮食企业库存实底，达到了"让政府心中有数、让群众感到放心"的目的。

(一)圆满完成全国粮食清仓查库工作任务

1.领导重视，部署周密

2009年全国粮食清仓查库工作任务重，社会关注度高，各级政府和粮食行政管理部门对此高度重视，坚持早筹划、早安排，全力做好组织、制度、人员和经费保障等工作。2008年12月16日，国务院成立由十部门参加的全国粮食清仓查库工作部际联席会议，并在国家粮食局设立办公室。国家粮食局党组书记、局长聂振邦要求举全局之力，做好清仓查库工作。地方县以上人民政府也在规定的时限内成立了工作机构，粮食部门承担各项具体工作。工作机构的成立，为开展清仓查库提供了强有力的组织保障。按照国务院办公厅通知要求，国家粮食局组织起草了清仓查库实施方案和检查方法，各省（区、市）结合本地实际，进一步细化工作方案，增强了操作性和针对性。为搞好人员培训，部际联席会议办公室编写了35万字的《2009年全国粮食清仓查库培训教材》，2月中旬为各地培训师资495名，5月中旬又对277名部际联合抽查人员进行了集中培训。各地也相应开展了大规模、多层次的人员培训，据统计，这次清仓查库，全国共培训检查人员近10万人。为落实"在地检查"原则，各地按照要求，及时完成了对行政辖区内全部储粮库点2009年3月末库存数据的整合分解工作。为保障清仓查库工作的顺利开展，中央财政及时下拨了补助经费，各地也按要求落实了配套经费。这些工作的开展，为扎实进行清仓查库奠定了坚实的基础。

2.扎实有序，务求实效

按照国务院全国粮食清仓查库工作动员电视电话会议的部署，各级政府和有关部门立即行动，扎实有序开展库存自查、普查、复查和抽查工作。4月上旬，县级政府派出25747人督导企业开展自查，为全面普查打好基础。4月中旬，市（地）级政府按照"有仓必到、有粮必查、有账必核、查必彻底"的原则，组织2890个普查组共94867人，对行政辖区内国有粮食库存进行了普查。在市（地）普查的基础上，4月底前，各省

（区、市）对重点地区、重点企业进行复查，共派出318个复查组3865人，复查了3091个储粮库点。5月中下旬，部际联席会议派出10个联合工作组对河北等10个重点省份的粮食库存进行了随机抽查和突击检查。据统计，这次清仓查库，共检查储粮库点29965个，实际清查粮食22540万吨（原粮），扦取质量样品8478个。各级政府和部门直接参与检查的人员达124756人，粮食部门派出的人员最多，力量最强，在库存清查中发挥了不可替代的中坚作用。

3.加强督导，整改认真

为推动基层部门认真执行清查方案和检查方法，确保清查工作顺利进行，各级粮食部门切实加强督导检查。部际联席会议牵头人、副牵头人、办公室主任等先后14次深入12省（市）巡查、督导，有力地促进了各地工作。国家粮食局会同有关部门先后组织7个调研督查组到10个省份调研，地方各级粮食部门也积极开展督查，及时解决存在的困难和问题。重庆、贵州等省（市）加强了对清仓查库的巡查督导。山东省坚持每三天一次电话调度。山西省通过调研修订了粮食库存实物测量计算的修正系数。湖南省在查库前对各种问题进行梳理排查，提高了清查的针对性。为加强技术指导，全国粮食清仓查库工作部际联席会议办公室设立了技术专家组，并公布了成员电话。各地也指定专人负责对清查政策和技术问题进行解答。

在检查中，各地对发现的问题，坚持边清查边整改，将问题整改贯穿于检查工作的全过程。内蒙古、上海、江苏、安徽、河南、广东、宁夏等省（区、市）开展了清仓查库“回头看”活动，四川省利用清查资料建立了地方储备粮油轮换和监管台账。不少市县针对检查发现的问题，完善基础管理制度，积极建立粮食库存管理的长效机制。全国清查结束后，为贯彻落实全国粮食清仓查库工作总结电视电话会议精神，国家粮食局还专门下发了《关于进一步加强粮食库存管理的若干意见》，要求各地认真总结经验，完善制度，强化管理措施，建立健全粮食库存管理责任制，不断提高粮食库存管理水平。

4.做好宣传，强化监督

为营造良好的清仓查库社会氛围，2009年3月31日，全国粮食清仓查库工作部际联席会议成员兼办公室主任、国家粮食局副局长任正晓接受了中国政府网的在线访谈，全面阐述了清仓查库有关政策和要求，回答了网民普遍关心的问题。为增强清查工作的透明度，各级粮食部门通过报刊、广播、电视及网络等媒体，及时向社会公布粮食清仓查库的政策、内容、程序、方法和要求。为反映和交流工作情况，各级粮食部门及时编发工作简报。国家粮食局共编发《全国粮食清仓查库工作简报》100期，并在政府网开设“全国粮食清仓查库专题”栏目，与中国政府网链接。为增强清仓查库的社会公信力，各地主动邀请了6371位人大代表、政协委员监督指导清查工作。各地还通过当地主流媒体对清仓查库工作进行宣传，接受舆论监督。部分中央媒体单位专程到山东省，对清仓查库工作进行了采访报道。全国粮食清仓查库的结果，也在《人民日报》、中国政府网等媒体上公布。此外，各级粮食部门还及时对群众举报的涉粮案件进行了严肃查处，有效地震慑了违规违纪行为，树立了粮食部门良好的社会形象。

5.档案完整，移交及时

为真实、完整记录清仓查库工作的全过程，在各地的大力支持下，国家粮食局完成部际联席会议及其办公室全部文件资料和各省部分文件资料的整理归档工作，编写了4.6万字的《2009年全国粮食清仓查库工作大事记》，制作了全国粮食清仓查库工作纪实片。共形成纸质档案111卷，文件1307份，照片档案17卷510幅；音像电子档案1卷19盘。这些档案全部顺利移交给中央档案馆、国家档案局永久保存。地方各级粮食部门也按照实施方案的要求，认真做好本地清仓查库资料整理归档等工作。这些档案资料对今后的工作查考、经验借鉴具有十分重要的意义。

(二)取得的主要经验

1.实行“在地检查”，落实地方各级政府责任

国务院把这次粮食清仓查库的任务主要交给了地方政府，要求县级以上地方各级人民政府对行政辖区内粮食库存清查结果的真实性、准确性负全责。实行“在地检查”是从当前中央事权粮食库存比重较大的实际状况出发而作出的科学决策，是与以往库存清查的一个重要区别，不仅保证了库存清查结果的公正性和准确性，而且使各级政府对本行政区域内粮食库存做到心中有数，有利于落实粮食行政首长负责制。

2.实行联合清查，充分发挥职能部门的优势

粮食工作涉及各级政府的多个部门。开展清仓查库，既是对粮食库存的大清查，也是对相关粮食政策落实情况的大检查。有关部门开展联合清查，有利于各部门全面了解掌握有关粮食政策的落实情况，深入分析当前我国粮食库存和流通状况，进一步完善相关政策。

3.搞好人员培训，确保科学依规开展清查

这次清仓查库内容多，专业性强，检查人员的素质直接关系到检查结果的质量。各级粮食清仓查库工作机构高度重视人员培训工作，采取理论学习和实地操作演练相结合的方式，确保所有检查人员都熟悉检查内容，掌握检查方法。检查人员科学依规检查，保证了清查工作的质量和效率。

4.落实工作经费，为高质量清查提供财力保障

国务院明确清查工作新发生的必要开支由省级财政核实后专项列支，中央财政给予适当补助。中央财政及时下拨了库存清查工作经费，各省（区、市）财政部门结合本地实际进行了必要的配套，并提前预拨了启动经费。各地还制定了经费使用管理办法，确保专款专用。

5.主动接受监督，确保公开透明清查

为提高清查工作的透明度和社会公信力，各级粮食清仓查库工作机构及时向社会公布了粮食库存清查的政策、内容、程序、方法和工作要求，还邀请6375位人大代表和政协委员全程参与了库存检查各环节的工作。各级监察、审计和粮食等部门设立了举报电话，主动接受新闻媒体和社会监督，并在政府网站开辟专栏，向社会发布清仓查库信息，确保清查工作公开、透明。

(三)着力构建粮食库存监管长效机制

1.改进和完善粮食库存监督检查方式

认真总结清仓查库“在地检查”经验，积极探索政策性粮食库存“在地监管”模式，建立健全粮食库存管理制衡与约束机制。大力推进粮

食库存监管信息系统建设，及时掌握企业粮食库存的动态变化情况，前移监督检查关口。严格依照国家有关法规政策的规定组织检查工作，规范监管程序。采取例行检查与专项检查相结合的方式，对不同性质的企业和粮食库存实行分类监管。实行检查方式多样化，利用突击检查、暗访等方式，增强监管工作的时效性和针对性，切实做到各类检查工作事前有计划、事后有报告、查处有依据、整改见实效。积极尝试相关监管部门参加的联席会议制度，适时通报信息，共同研究解决问题，组织联合执法，形成监管合力。结合日常检查工作，向企业提供政策和业务指导，帮助管理人员查找漏洞、规范业务操作，建立问题防范机制，使监督检查真正成为推动企业提高管理水平的重要手段。

2.强化粮食库存监管执法监督措施，严肃行政执法工作纪律

粮食监督检查要主动接受纪检监察部门和人大代表、政协委员监督，主动接受社会和新闻媒体监督，采取设置专门电话、信箱和及时接待群众来访等方式，认真做好案件举报和意见投诉受理工作。通过媒体适时向社会发布监管工作信息，加大粮食库存管理法规政策的宣传力度，增加粮食库存管理工作的透明度，为加强监管营造良好的社会氛围。

3.建立健全粮食库存管理和监督检查责任制

认真贯彻粮食省长负责制要求，逐级签订《粮食库存管理责任状》，明确管理职责，细化考核要求。组织各类粮食库存检查和案件核查，将检查责任落实到人，因故意或过失造成严重问题未及时发现、重大隐患未及时消除、检查结果与实际情况不符或监管工作不到位导致行政辖区内出现重大问题的，追究相关负责人责任。建立企业内部管理岗位待遇与管理责任挂钩的机制，切实强化管理人员的责任意识。

三 粮食收购资格情况分析

各级粮食行政管理部门按照《粮食流通管理条例》的规定，认真做好粮食收购资格审核工作，依法开展粮食收购资格核查，切实加强对全社会粮食收购市场经营主体的服务和监管。目前，粮食收购资格审核工作基本实现了制度化和规范化，粮食收购市场国有粮食企业继续发挥主渠道作用、其他多元主体积极入市收购的格局形成。

（一）粮食收购资格审核工作基本实现了制度化和规范化

全国有31个省（区、市）均已建立粮食收购市场准入制度，对从事粮食收购活动的具体条件、办理时限、办理流程等进行了明确规定。各地粮食行政管理部门通过采取公布粮食收购资格条件、申请程序、受理机构和电话，提供一站式服务和网上申

请等便民措施，规范了申请、受理、审查、决定、公示等粮食收购资格许可程序。新疆维吾尔自治区粮食局对全区从事粮食收购资格审核工作的人员进行法律知识和业务培训，整理翻译办理粮食收购许可证的相关政策，及时印发给粮食经营者，并在新闻媒体上滚动播出，保证了粮食收购资格审核工作的规范化和便民化。

各级粮食行政管理部门根据《粮食流通管理条例》的相关规定，结合本地实际情况，认真开展粮食收购资格核查工作，加大对粮食收购市场秩序的监管力度。黑龙江省对已取得粮食收购资格的经营者进行全面核查，对不再符合条件的依法取消其资格，规范了粮食收购活动，维护了正常的粮食流通秩序。

（二）粮食收购市场经营主体数量有所增加，呈现多元化格局

从事粮食收购活动的经营者数量继续增加。截至2009年底，全国具有粮食收购资格的经营者数量达到8.55万家，比2004年粮食收购市场全面放开初期增加6万多家，比2008年增加0.8万家。粮食主产区、主销区和产销平衡区具有粮食收购资格的经营者数量分别为：6.84万家、0.35万家、1.36万家，占全国总数的80%、4%和16%，其中，仅黑龙江、江苏、安徽、山东、河南、四川6个粮食主产省具有粮食收购资格的经营者数量就占到全国总量的一半以上。

粮食收购市场经营主体多元化格局明显。在具有粮食收购资格的经营者中，国有及国有控股企业1.8万家，其他多元主体6.75万家，分别占总数的21%、79%。粮食主产区、主销区和产销平衡区其他多元主体分别占各自总量的81%、63%和71%，其中黑龙江、四川两省其他多元主体的比重超过九成。

（三）国有粮食企业继续发挥主渠道作用，确保粮食市场稳定

国有粮食企业严格执行国家粮食收购政策，在服务农民售粮、政府宏观调控等方面继续发挥主渠道作用。据初步统计，2009年全国各类粮食经营企业收购粮食28781万吨（原粮，下同），其中国有及国有控股企业收购16387万吨，占收购总量的57%，掌控了收购市场大部分粮源，进一步夯实了粮食宏观调控的物质基础，保证了粮食市场供应和价格的基本稳定。国有及国有控股企业收购托市粮食9241万吨（含油菜籽789万吨），有力拉动了粮食市场价格回升，保护了农民种粮积极性，据初步测算，促进农民增收400多亿元，有效扩大了农村消费。

（四）其他多元主体积极入市收购，活跃了粮食收购市场

私营企业、个体经营户和其他经济组织等其他多元主体充分发挥自身优势，延伸收购网络，积极入市收购，缓解了国有粮食企业人员和网点不足的矛盾，方便了农民售粮，活跃了粮食收购市场。据统计，2009年，其他多元市场主体收购粮食12394万吨，比2008年增加了451万吨。

粮食收购资格审核工作在取得一定成效的同时，还存在一些问题，主要有部分省份制定的粮食收购市场准入制度的法律效力过低，从事粮食收购活动的经营者履行法律义务的意识比较淡

薄，部分基层粮食行政管理部门落实粮食收购资格监管责任的难度较大等。

(五)加强粮食收购资格核查与服务

各级粮食行政管理部门要切实做好对已经取得粮食收购资格经营者的指导、服务和监管，依法严格履行监管职责，加强粮食收购资格核查工作，积极引导和规范粮食经营者的收购活动，规范粮食收购市场秩序；加强粮食收购市场准入制度的宣传，向从事粮食收购活动的经营者广泛宣传从事粮食收购活动应履行的法定义务，增强他们严格遵守粮食收购政策和依法诚信经营的意识。各省级粮食行政管理部门要加强对本行政辖区粮食收购资格审核工作的指导和监督，及时发现和解决地方粮食收购资格审核工作中出现的新情况和新问题，督促各地加大对粮食收购市场的监管力度。根据当前粮食供求形势和特点，继续研究完善粮食收购资格审核相关制度。

四 粮食流通监督检查工作现状及对策

2009年，各级粮食部门全面贯彻党的十七大和十七届三中、四中全会精神，深入贯彻落实科学发展观，按照年初确定的粮食监督检查工作部署，围绕粮食流通中心工作，认真履行监督检查职能，在政策性粮食购销活动监督检查，面向全社会粮食流通的监督检查，加强监督检查体系、制度、队伍建设等方面取得了新的成绩。

(一)积极探索，不断强化政策性粮食监督检查

1.适时开展政策性粮食收购专项检查

2009年，国家再次较大幅度地提高了小麦、稻谷最低收购价水平，加大了国家临时存储稻谷、小麦、玉米、大豆和菜籽油的收购力度。为落实粮食收购价格政策，国家粮食局与国家发展改革委联合发文，指导各地认真开展政策性粮食收购价格专项检查。各地粮食部门与物价部门密切配合，制定实施方案，细化检查内容，抽调业务骨干，认真开展检查。河北、江苏、安徽、山东、河南和湖北6个小麦最低收购价执行预案启动地区积极开展了最低收购价政策执行情况专项检查，对委托收储企业违反政策的行为及时作了纠正和查处。针对部分地区出现的芽麦问题，有关地区切实加强了对收购工作的监督检查，督促企业按照国家的保护性收购政策，做好芽麦收购工作。下半年，按照国家粮食局关于开展秋粮收购专项监督检查工作的通知，各级粮食部门又组织开展了秋粮收购特别是最低收购价和国家临时存储粮收购监督检查工作。此外，四川、贵州等省开展了国家临时存储菜籽油收购专项检查。通过开展政策性粮食收购检查，有效保证了国家粮食收购政策的贯彻落实。

2.认真进行政策性粮食销售出库检查

各地粮食部门积极督促承储企业做好政策性粮食出库工作，对少数故意拖延或拒绝出库的企业，进行了严肃查处。江苏省定期与中储粮江苏分公司、粮食交易中心沟通，将国家临时存储粮竞价销售情况及时通报各市、县，前移检查关口。河南省逐月登记小麦出库进度，跟踪检查，帮助粮食批发市场建立销售出库协商调解机制。对3家违反政策性粮食销售出库规定的企业负责人给予了行政处分。通过检查，促进了政策性粮食及时销售出库，保障了买卖双方的合法权益。此外，有关省份还及时将跨省移库粮纳入监督检查范围，确保调得出、储得进、管得好。

3.切实加强地方储备粮监督检查

2009年，各地积极充实地方储备规模。随着地方储备粮规模的扩大，各地加大了地方储备粮监督检查力度。北京市组织开展了市级储备成品粮专项检查，确保新中国成立60周年国庆期间粮食市场供应。广东省对地方储备粮进行抽样排查，防止重金属超标等质量卫生不合格粮食流入口粮市场。上海、浙江等省(市)开展了地方储备粮轮换入库和储存环节质量卫生专项检查。广西对地方储备粮订单收购情况进行了专项检查。通过检查，促进了承储企业加强仓储保管，规范了购销、轮换工作，保证了地方储备粮数量真实、质量良好、储存安全。

此外，各地还结合本地实际，有针对性地开展了退耕还林补助粮、救灾粮、军粮等供应情况的监督检查，确保供应及时，质量合格。

(二)因地制宜，认真开展社会粮食流通监督检查

2009年，地方各级粮食行政管理部门按照《粮食流通管理条例》的规定，共开展监督检查执法活动10万余次，出动人员近47万人次，检查企业34万多个次。通过开展社会粮食流通监督检查，有力地维护了粮食市场秩序，保护了粮食生产者、经营者和消费者的合法权益。

1.普遍开展了收购资格核查和收购市场检查

粮食购销市场化改革以来，粮食经营主体呈多元化格局。为了保证多元化的市场活而有序，各地普遍开展了粮食经营者收购资格核查，全年共核查5.9万户经营者收购资格，对1122户不符合收购条件的经营者取消了资格。在粮食收购旺季，加强对收购活动的监督检查，查处无证收购、违规收购，协助工商等部门没收非法经营粮食2106吨。

2.广泛开展粮食流通统计制度执行情况检查

为促进企业自觉执行统计制度，各地及时改进监管的方式方法。江苏省在检查中强调“重宣传、重服务、重质量、重监管”，全省95%以上的涉粮企业都建立了粮食经营台账。湖北、云南等省在检查中坚持抓住重点，兼顾一般，坚持处罚和服务相结合。青海省粮食局从企业粮油经营台账入手，会同工商、质检部门开展了粮食经营者粮油经营台账检查，确保统计数据的真实性和准确性。

3.对粮食经营者履行最低和最高库存义务情况进行检查

这项工作开展难度相对较大，各地特别是一些销区积极探索，稳步推进。福建省结合企业年审工作，对企业最低最高库存量进行核定，下发

核定通知书，并以此为检查依据，督促企业遵守执行。天津等地也开展了这项检查。通过检查，提高了粮食经营者履行最低和最高库存义务的自觉性，维护了市场供应和价格的稳定。

4.配合有关部门开展市场粮食质量安全检查

为贯彻落实《食品安全法》，各地粮食部门与工商、质检和卫生等部门密切配合，加大了粮食质量检查力度。上海市抽查了全市粮油加工企业的原粮卫生情况和帮困粮油质量，宁夏自治区加大了对“放心粮油店”的监督检查力度。江西省在粮食质量集中整治过程中，帮助企业建立粮食出入库查验、索证索票、出证出票、不合格粮食召回等制度。通过检查，维护了粮食质量安全。此外，各地还在元旦、春节、国庆等重大节日期间，加强了粮食市场巡查和突击检查，严防不合格粮食流入口粮市场。

在开展执法活动过程中，各地逐步建立健全粮食经营企业电子档案，推动企业诚信建设。天津、江苏、湖北、重庆等省（市）实现了对粮食经营者动态监管和分类监管。同时，坚持执法与宣传并重，采取多种形式，广泛开展了粮食政策法规咨询和宣传活动，努力营造和谐的执法环境，提高了粮食监督检查工作的社会认知度。

（三）迎难而上，积极推进监督检查体系和制度建设

1.监督检查机构进一步健全

2009年，随着海南省粮食局监督检查机构的建立，全国31个省级粮食行政管理部门和新疆生产建设兵团粮食局全部设立了监督检查机构。市（地）级粮食部门有290个设立了监督检查机构，比上年增加6个，比例为82.4%。县（市）级粮食部门有1731个设立了监督检查机构，比上年增加25个，比例为70.4%。市县级机构达到80%以上的有18个省（区、市）和新疆生产建设兵团，其中天津、山西、江苏、安徽、湖北、重庆6省（市）的市县级机构全部设立。此外，市、县两级粮食部门建立执法队1380个，比上年增加148个。

2.队伍素质进一步提高

为提高监督检查人员素质和执法水平，2009年，各级粮食部门除举办大规模的清仓查库专门培训外，内蒙古、辽宁、吉林等省（区）及新疆生产建设兵团开展了监督检查行政执法业务培训。陕西省围绕“如何做好粮食监督检查工作”，对全省109名市县粮食局长进行了集中培训。在开展业务培训的同时，各地还注重队伍的思想作风建设、廉政建设，全面提高队伍的素质和能力。截至2009年底，全国取得粮食行政执法资格的人员已达25745人，其中省级927人，市级4660人，县级20158人，市、县两级占96.4%，为执法重心下移、正确履行职能创造了条件。

3.工作经费进一步落实

除清仓查库专项经费外，各地还积极落实日常监管经费，执法条件逐步改善。2009年，全国有近1/2的市（地）、1/3的县（市）粮食部门得到了同级财政监督检查专项经费支持，绝大多数省份为基层配备了电脑等器材设备；内蒙古、江苏等省（区）拿出专项经费，开发粮食流通监督检查工作信息管理软件，实现了网络化办公和管

理，提高了工作效率。

4.规章制度和工作机制进一步完善

2009年，一些地方根据工作需要，出台了一批监督检查规章制度，如内蒙古自治区政府出台了粮食流通管理办法，广西南宁市、甘肃兰州市政府分别出台了南宁市粮食流通管理办法、兰州市粮食流通监督管理条例等地方性行政规章。同时，监督检查工作程序和机制也有所创新。如天津市制定了“先行教育、限期改正、再行处罚”的三步式执法程序，湖北省建立了政策性粮食监管联席会议制度，广东省大部分市建立了粮食监督检查部门协作机制和相应的领导机构，内蒙古、新疆等地也建立了由粮食部门牵头的粮食流通监督检查工作协调机制，提高了监管效能。江苏省将执法权力、内容、程序等向社会公布，建立网上监督机制，接受社会监督。为加强层级监督，黑龙江、江西等省开展了案卷评查工作，一些省份制定了监督检查工作考核办法。

（四）加强粮食流通监督检查工作的对策

1.继续加强粮食监督检查体系建设

按照《全面推进依法行政实施纲要》和国务院有关粮改文件要求，加强监督检查体系建设，健全机构，落实编制、人员和经费，充实一线执法力量，精心选拔熟悉政策、精通业务、经验丰富、作风正派的人员，充实监督检查队伍。通过完善管理制度，规范执法行为，努力建设管理有序、运转顺畅、行为规范的粮食监督检查工作体系。

2.进一步做好粮食流通监督检查的重点工作

一是加强对政策性粮食购销活动的监督检查，确保国家粮食政策落到实处。加强国家粮食收购政策落实情况监督检查，及时组织对粮食最低收购价政策，粮食临时收储政策，以及财政给予补贴的其他粮油收购、运输政策执行情况的监督检查，督促收储库点严格执行国家有关粮食政策和新的粮食标准，防止出现压级压价、抬级抬价和“转圈粮”等问题。加强对粮食竞价销售及出库政策执行情况监督检查，督促买卖双方严格执行国家有关政策及标准。督促中央储备粮直属库及具体承储库点认真履行竞价销售出库合同，按规定及时组织粮食出库。

二是做好粮油库存检查工作，维护国家粮食安全。结合储粮春季普查，认真组织全国粮食库存例行检查。检查突出重点地区、重点环节、重点企业。通过检查，推动粮食库存管理水平进一步提高，夯实国家粮食宏观调控的物质基础。开展对中央和地方储备油、国家临时存储油的全面检查，重点检查储备油库存的数量、质量、储存安全及相关统计管理、财务管理和轮换管理等情况。督促企业提高管理水平，确保各级储备油数量真实、质量良好、储存安全。

三是继续做好社会粮食流通监督检查工作，不断规范粮食市场秩序。加强对粮食收购资格的定期核查，组织开展对粮食收购市场的检查，规范、维护粮食收购市场秩序。检查督促各类粮食经营企业和转化用粮企业建立粮食经营台账，按照粮食统计制度的要求及时准确报送统计报表和有关资料。加强对《国家粮食应急预案》贯彻落实情况的监督检查。切实提高各地粮食安全应急保障能力。检查指导粮食经营者认真履行最低和最高库存量义务，保证粮食市场稳定。检查粮食经营企业执行粮食质量管理制度、出证索证及出入库检验制度情况，检查督促企业执行国家粮食质量管理政策和标准。配合有关部门加强对粮油加工、批发、零售等重点环节经营行为的监督检查，加强对大型粮油批发市场、超市和农贸市场的巡查，督促企业加强自律和承担社会责任。

3.严查涉粮案件

加强与纪检监察等有关部门的沟通与配合，严肃查处群众反映强烈、社会负面影响严重的案件，加大对违法违规行为的惩治力度，提高案件办理质量和行政执法工作的威慑力。对各类实名举报，加强与举报人的沟通联系，采取妥善措施保护实名举报人。进一步规范案件查办工作，完善受理登记、查办、督办、移交转办、结果通报、查办时限等方面的管理制度。

五 粮食流通统计制度作用及成效分析

粮食统计工作是粮食宏观调控的一项基础性工作，在粮食流通全面市场化的新形势下，做好全社会粮食统计工作，是加强和改善粮食宏观调控的重要前提之一。覆盖全社会的《国家粮食流通统计制度》自2005年正式实施以来，对全面掌握我国粮食流通基本状况，确保国家粮食安全，发挥了重要作用，取得了显著成效。

(一)初步建立了粮食流通部门统计调查体系

为适应粮食流通不断发展变化的新形势，满足宏观调控要求，粮食流通统计制度不断完善，现已涵盖了粮食流通、粮食仓储设施、粮油加工业和粮食行业机构人员四个方面的内容，逐步建立了相对完备的部门统计调查体系。

(二)促进了粮食统计方法和管理的变革

一是打破了部门界限，将统计范围扩大到所有粮食经营者和用粮企业。二是改变了过去以全面报表为主的调查方式，根据调查内容和对象等不同特点，综合运用了全面调查、重点调查和抽样调查等方法。三是突出了依法开展粮食统计工作的理念，既明确了粮食经营企业和用粮企业报送统计数据的义务，也要求各级粮食行政管理部门严格按照《统计法》和《粮食流通管理条例》的规定开展统计监督检查。

(三)为做好粮食宏观调控提供了优质服务

一是全面掌握了全社会粮食流通状况。通过粮食统计旬（月）报、市场信息周报等日常统计工作，及时反映全国粮食收购、销售、库存、价格等变化情况。认真组织开展全社会粮食、食用油供需平衡调查工作，全面掌握粮油生产、流通、消费、库存等情况，对全国粮油供求现状、面临的形势和未来发展趋势，作出全面、深入分析。在粮食收购旺季，建立收购信息五日报制度，密切监测主产区粮食收购进展情况，及时上报收购进度、市场价格等信息。重点加强对最低收购价和国家临时存储粮食的收购数量、价格、跨省移库等情况的统计和分析；加强粮油市场信息监测，动态反映各地粮油市场价格变化情况，在粮油价格异常波动期间，对重要粮油品种和重点地区实行日监测报告制度，随时掌握粮油市场出现的新情况和新动态。二是基本掌握了粮油加工企业数量、生产规模、区域分布，企业从业人员、专业技术人员数量，主要粮油产品的产量、库存量，主要原料年消费量，以及粮油加工业经营效益等情况，为科学制定粮油加工业发展规划、加快粮油加工业的结构调整和优化升级、正确指导粮油加工业健康发展提供了基础资料。三是基本摸清了全国粮食仓容规模、仓型、区域分布、使用状况，专用码头泊位数量、铁路专用线、散粮中转设施，仓库其他配套设施等情况。初步掌握了粮食流通基础设施建设项目、投资规模、区域分布、资金来源，以及项目完成进度等基本情况，为加强粮食基础设施建设、推进粮食现代物流发展提供决策依据。四是基本掌握了粮食行业机构设置、从业人员基础信息、专业技术人员数量等基本情况，为进一步加强粮食行业管理、做好教育培训工作、切实提升粮食行业执行力提供了基础信息。

六　中央储备粮代储资格认定情况分析

2004年12月1日，国家发展和改革委员会、财政部发布了《中央储备粮代储资格认定办法》，随后国家粮食局发布了《中央诸备粮代储资格认定办法实施细则》，形成了中央储备粮代储资格认定制度体系。2005年以来，国家粮食局开展了10批中央储备粮代储资格认定工作。截至2009年底，共有1907户企业取得了粮食类代储资格，资格仓容10115.2万吨；208户企业取得了油脂类代储资格，资格罐容318.7万吨。

2009年是开展中央储备粮代储资格认定的第5个年份，国家粮食局主要从制度建设和规范认定两个方面来强化对中央储备粮代储资格认定制度的落实。

（一）制定《中央储备粮代储资格延续申请办法》

《中央储备粮代储资格认定办法》第十二条规定："中央储备粮代储资格证书有效期为5年，有效期届满前30个工作日内须按本办法规定的程序提出延续申请。"本着"便民、高效、合法"的原则，在广泛征求有关方面意见的基础上，国家粮食局于2009年12月出台了《中央储备粮代储资格延续申请办法》。该办法共9条，规定了延续申请的程序、需要提交的材料以及审核办法。

中央储备粮代储资格延续申请的主要特点是便民，企业只需要在申请材料中说明存储中央储备粮情况。

(二)修订《中央储备粮代储资格认定办法实施细则》

5年来的资格认定实践发现，《细则》本身还存在内容不够完整、程序不够完善、标准不够精确、责任不够明晰等问题。为此，国家粮食局启动了《细则》的修订工作。这次主要修订了以下几个方面的内容：一是在审核程序上，增加了省级粮食行政管理部门现场核查的程序，以保证企业申报材料的真实性；二是在审核标准上，对相关审核指标进行了量化、细化，总体更加严格；三是在规范内容上，删除了延续申请方面的内容，增加了代储资格变更管理、证书管理以及审核标准等。

(三)中央储备粮代储资格企业分析

截至2009年底，共有2115户企业取得了中央储备粮代储资格，其中粮食类资格企业1907户，取得资格仓容10115.2万吨，油脂类资格企业208户，取得资格罐容318.7万吨。总体上看，这些企业基本能够满足中央储备粮代储工作的需要，数量满足要求，总体布局比较合理，但是上海、福建、浙江、广东等地取得资格企业总量偏少。

分地区资格企业状况分析：13个粮食主产区有粮食类资格企业1523户，占所有取得代储资格粮食企业总数的79.9%，仓容7764.2万吨，占全国总量的76.8%；油脂类资格企业156户，占所有取得代储资格油脂企业总数的75.0%，罐容219.1万吨，占全国总量的68.8%。7个粮食主销区有粮食类资格企业132户，占所有取得代储资格粮食企业的6.9%，仓容1036.8万吨，占全国总量的10.2%；油脂类资格企业20户，占所有取得代储资格油脂企业的9.6%，罐容70.3万吨，占全国总量的22.1%。11个粮食产销平衡区有粮食类资格企业252户，占所有取得代储资格粮食企业的13.2%，仓容1314.2万吨，占全国总量的13.0%；油脂类资格企业32户，占所有取得资格油脂企业的15.4%，罐容29.2万吨，占全国总量的9.2%。

表6-1　中央储备粮代储资格企业产销区分布状况表（粮食类）

区域	企业户数		仓容（万吨）	
	户数	所占比例（%）	仓容	所占比例（%）
全国	1907		10115.2	
13个粮食主产区	1523	79.9	7764.2	76.8
7个粮食主销区	132	6.9	1036.8	10.2
11个粮食产销平衡区	252	13.2	1314.2	13.0

第七部分

粮食质量与标准

一 粮油标准化工作

2009年，国家粮食局继续稳步推进标准制修订工作，加大主要标准宣传贯彻力度。《稻谷》、《玉米》、《大豆》等重要标准全面顺利实施，得到种粮农户、粮食购销企业和地方政府的普遍认可。国际标准化组织（ISO）谷物与豆类分技术委员会秘书处工作有序开展，我国在粮油国际标准化工作中的地位日益增强。

(一)稳步开展标准制修订工作

继2008年集中开展国家标准制修订后，2009年，国家粮食局继续稳步开展标准制修订工作。一年中，全国粮油标准化技术委员会讨论审定并原则通过了18项粮油国家标准和行业标准；报批国家标准138项；提出了114项涉及粮食质量安全、粮食储存流通等方面的标准计划项目。全年国家标准委发布实施粮油国家标准17项，其中新制定标准8项，修订标准7项；国家粮食局发布实施了18项粮食实物标准样品行业标准。

(二)全力抓好重要标准宣传贯彻工作

2009年，《稻谷》、《玉米》、《大豆》、《大米》、《橄榄油》、《棕榈油》等一批重要的强制性国家标准相继实施。国家粮食局采取一系列措施，做好新标准的宣传贯彻工作，以确保新标准的顺利实施和正确执行。一是下发了《国家粮食局关于实施新〈稻谷〉〈玉米〉和〈大豆〉国家标准有关工作的通知》，全面部署和提出了实施新标准的有关工作和要求。二是及时组织编写了《稻谷》、《玉米》、《大豆》、《大米》标准实施指南，为粮食行政管理部门、粮食企业和农民等不同层面的人群提供宣传服务。三是做好新标准分层次培训工作，确保了各级粮食部门和粮食购销企业的管理人员能够准确理解和把握新标准，粮食收购检验人员能够正确掌握新标准的检验要求。据不完全统计，全国新标准培训人数超过2.6万人。四是采用各种方式开展宣传，让社会各界了解新标准。为做好新标准的宣传，在标准发布的同时，国家粮食局向有关新闻媒体提供了新闻宣传通稿。各地粮食行政管理部门和中储粮分公司也高度重视新标准宣传工作，利用电视、广播、报纸、政府网站、农民热线等媒体进行宣传，并采用宣传车广播和散发宣传单等形式开展街头和入村、入户宣传，对新老标准和国家粮食收购政策进行了详细的对比和介绍。五是开展粮食收获质量调查，及时发布信息指导收购工作。在粮食收获的第一时间，国家粮食局组织开展了主要粮食品种收获质量调查会检工作，将调查会检结果及时向有关省份做了反馈，并通过国家粮食局政府网面向社会发布，对于指导各地开展粮食收购工作发挥了重要作用。同时，通过会检和实地调研，为国家制定2009年生芽小麦收购政策、临时存储大豆收购政策等提供了依据，切实保护了农民利益。

(三)积极开展标准研究

1.食用植物油真实性鉴定标准研究

国家粮食局启动了食用植物油真实性鉴定标准研究项目工作。拟针对花生油、大豆油、芝麻油、橄榄油等主要食用植物油品种，通过2年的时间，基本建成其典型理化特性指标、脂肪酸组成等数据库，初步拟就其真实性鉴别方法的国家标准，为消费者利益、保障植物油食用安全提供技术支持。

2.玉米储存品质变化研究

为了解掌握我国东北、南方地区储存玉米脂肪酸值变化情况和影响因素，国家粮食局组织专题调研组分赴辽宁、广东等地，就玉米烘干、储存过程中脂肪酸值变化，烘干、出入库、港口装卸等环节对玉米破碎粒的影响，玉米加工企业对原料玉米品质要求等方面进行了实地调研，为科学制定东北、南方地区玉米储存品质评价标准，更充分、合理地利用粮食资源打下基础。

3.原粮及制品中重金属残留状况研究

国家粮食局组织有关科研院所、检测机构，积极开展粮食中重金属残留状况研究。研究主要包括粮食中重金属残留量的检测方法、粮食籽粒不同部位重金属残留量的差异、加工程度对重金属残留量的影响等，将对粮食食用安全、确保消费者身体健康提供保障。

4.小麦粉中增白剂使用情况调研

2009年，为推进小麦粉国家标准修订工作，国家粮食局组织专题调研组，赴河北、江苏、山东、河南4省，就如果在小麦粉中全面禁止添加过氧化苯甲酰等化学增白剂后对各类面粉加工企业可能产生的影响进行了实地专题调研。调研主要采取座谈和问卷调查的形式，广泛听取各方面意见和建议。总体来看，有关省份各级粮食行政管理部门、质检部门和各类面粉加工企业一致赞成在小麦粉中全面禁止添加过氧化苯甲酰等化学增白剂，期待新小麦粉国家标准能够早日发布实施。

5.小麦、大豆收购标准调研

新稻谷、玉米、大豆等主要粮食国家标准正式实施后，针对2009年粮食种植、收获期间，遇到异常气候而影响收获粮食质量品质的实际情况，为确保国家有关粮食收购政策的顺利实施，国家粮食局组织对小麦、大豆等粮食政策性收购中执行标准有关问题进行了调研。主要包括生芽、霉变程度对小麦质量、加工品质、食用安全等方面的影响，新标准对我国大豆等级分布的影响，2009年国家临时存储收购大豆损伤粒率和热损伤粒率标准的控制等，在更好地落实国家惠农政策，切实保护农民利益等方面发挥了重要作用。

6.执行粮油质量标准有关问题的规定的调研

2009年，随着新小麦、稻谷、玉米、大豆等主要粮食国家标准陆续发布实施，为做好国家粮油标准实施工作，维护农民和粮食经营者的利益，国家粮食局启动了对原国家发展计划委员会、国家粮食局、国家质量监督检验检疫总局发布的《关于执行粮油质量标准有关问题的规定》（国粮发〔2001〕146号）修订工作。主要针对新标准的变化及在执行过程中遇到的问题，广泛征求了国家发展改革委、财政部、质检总局以及各省级粮食行政主管部门等相关部门的意见。修改后的《规定》，更加符合当前粮食收购、调运和销售需要，有利于保护国家、企业和农民的利益，有利于促进粮食生产、流通和农民增收，有利于国家粮食质量安全。

7.召开了第一届中国粮油标准质量年会

2009年，国家粮食局标准质量中心组织召开了第一届中国粮油标准质量年会，就我国粮油标准与质量，粮食卫生安全与检验技术等方面的主题进行了大会交流。来自大专院校、科研院所、质检机构、粮食加工企业、仪器设备生产企业等代表260余人参加了此次学术交流活动。会议期间，共有国内外26名粮油质检领域的学者、专家作了学术报告，并分别就我国主要粮食标准技术内容和发展方向、粮食储藏与物流标准发展概况、粮食扦样国际标准与油脂化学热点问题、近红外技术在粮食检验中应用、大米品质评价技术等方面进行了交流,取得了良好效果。

8.做好粮油标准化体系建设工程

为配合国家标准化管理委员会实施国家标准化体系建设工程，国家粮食局组织专家积极开展粮油标准体系建设工作，对归口管理的国家标准、行业标准和标准计划进行分析清理汇总，提出粮油标准制修订重点领域，并在粮食质量安全检验方法、粮食物流、粮食机械、粮食加工质量管理等重点方面提出近200项关键技术标准制修订项目。

(四)积极推进国际标准化工作

2009年，国际标准化组织秘书处谷物与豆类分技术委员会积极有序开展工作，稳步推进各标准项目。

发布了7个国际标准，通过了3项标准草案和7项委员会草案；还发布24个文件向各成员国报告标准项目进展情况。2009年，分技术委员会对“超龄”的8项标准进行了复审并确认在今后5年内继续有效。与此同时，委员会决定将组织对个别标准开展研究和验证，在技术条件成熟时考虑修订。秘书处组织完成了《布拉本德粉质议测定》等3项标准的国际环形试验工作，有11个成员国家的54家实验室参加了环行试验，获得了1485个实验数据，我国有35个实验室参加了试验。

为了促进分技术委员会工作的可持续发展，秘书处启动了分技术委员会标准体系制定工作。在对分技术委员会现有标准和项目分析研究的基础上，形成了标准体系框架草案，将提交2010年第34次年会审议。标准体系的出台可根据国际贸易的需要，指导各成员国编制标准新项目提案，逐步完善国际标准体系。秘书处积极创造条件，扩大分技术委员会正式成员国队伍，进一步加强国际标准化工作的参与度。2009年，斯里兰卡和比利时两个观察员国提出申请成为正式成员国。分技术委员会的正式成员总数由去年的17个增加到19个。

秘书处进一步加强了与本分技术委员会相关的其他国际标准化组织的活动。2009年组织成员国参与了《杜马氏定氮法》等由相关委员会组织但是与本委员会密切相关的国际标准制修订工作；组织开展了与国际水稻协作网（INQR）的大米直链淀粉含量测定环形实验的合作；开展了与国际谷物技术协会（ICC）和国际真菌毒素学会（ISM）的交流与合作。通过派员参加会议和相互交流，很好地实现了国际组织间的合作和信息共享，为谷物与豆类分委员会工作的协调发展起到了良好的促进作用。

2009年，国家粮食局标准质量中心牵头承担的《小麦》和《稻谷潜在出米率测定》两个国际标准项目的委员会草案经成员国投票通过；组织国内专家完成了9项国际标准的投票工作，对复审的8项标准组织了专家进行国内适应性研究，结合我国实际提出了复审意见和建议。

二　粮食质量安全监管体系建设

2009年，各级粮食部门以科学发展观为指导，切实履行粮食质量监管职责，全面贯彻实施《食品安全法》，扎实推进粮食质量安全监管体系建设，进一步加强粮食质量监管工作，为保障粮食质量安全，维护粮食流通秩序发挥了重要作用。

（一）完善粮食质量监管制度，进一步推进粮食质量监管依法行政的进程

2009年，各地粮食行政管理部门积极推进粮食质量监管规章制度建设。天津、山西、内蒙古、吉林、江苏、福建、河南、四川、西藏、青海、宁夏11个省（区、市）出台了15项涉及粮食质量安全监管的法规和制度文件，包括粮食流通管理条例实施办法1项、粮食流通管理办法1项、地方储备粮油管理办法5项、其他粮食质量监管办法和制度文件8项。

在建立健全各项办法制度的同时，各省（区、市）粮食行政管理部门进一步推进市、县粮食质量监管制度的建设工作。据不完全统计，内蒙古、辽宁、浙江等省（区）2009年出台市级粮食质量监管制度文件12项。

这些规章制度对粮食收购、销售、储存、运输等各环节的质量安全监管作了详细规定，进一步推进了地方粮食质量监管责任的落实，对于维护当地粮食流通秩序，保障粮食质量安全发挥了重要作用。

（二）推进粮食检验监测体系建设，进一步夯实粮食质量监管技术工作基础

各地粮食行政管理部门继续积极推进粮食检验监测体系建设，重点加强粮食主产市、县、重要消费城市的区域性粮食检验机构建设，着力构建以省级质检机构为龙头，以市级质检机构为骨干，以县级质检机构为基础的粮食检验监测体系。青海、宁夏、新疆等省（区）制定了本省粮食质量检验监测体系的建设方案及规划，并报送当地政府及有关部门争取支持。山西、江苏、浙江、安徽、江西、山东、河南、湖北、广西、云南、四川、重庆和陕西13个省（区、市）共恢复和新建粮食检验机构30个，其中地市级新增11个，县级新增19个。全国有55个粮食检验机构转变为财政全额拨款单位，9个机构由自收自支转变为财政差额拨款单位。通过争取财政专项拨款和自筹资金，各级粮食检验机构新增仪器设备和实验室改造投入共计9973.1万元，其中

省级3462.2万元（27个机构），地市级4275.8万元（139个机构），县级2235.1万元（283个机构）；新增单价2000元以上仪器设备2141台（套）；新增实验室及办公面积近3万平方米。截至2009年底，隶属于各级粮食行政管理部门的粮食检验机构共计793个，其中省级32个，市级238个，县级523个；通过计量认证的机构429个。检验机构在职人员6562人，其中省级575人，市级1967人，县级4020人；中级职称及以上的2332人，占总人数的36%；本科及以上的1336人，占总人数的20%。各级检验机构全年检测样品近35万份，为确保国家粮食质量安全、维护粮食流通秩序起到了重要作用。

2009年，国家粮食局组织开展了第三批国家粮食质量监测机构评审工作，共有56个粮食检验机构通过考核评审，包括市级机构31个，县级机构25个，目前，国家粮食质量监测机构达到200个，为开展粮食质量安全监测预警工作发挥了积极作用。

为考察和提升监测机构的检验技术水平，国家粮食局组织197个国家粮食质量监测机构开展了粮食中镉、铅、面筋吸水量、粗蛋白含量、降落数值、面团稳定时间、烘焙品质7个项目的检验培训和比对考核工作。结果表明，我国粮食质检能力稳步上升，检验人员操作技能明显提高。针对以往发现的薄弱环节和检验人员反映的共性难点问题，组织对354名检验技术骨干进行了集中培训，并安排了现场技术经验交流和实际操作演练。

2009年，辽宁、黑龙江、江苏、湖北等24个省份的粮食行政管理部门根据本地实际和工作需要，组织开展了《食品安全法》等法律法规、《稻谷》、《玉米》和《大豆》等新标准及检验技术的集中培训工作，共计培训粮食质检人员1.4万余人次，有效提高了粮食从业人员的政策理论水平和检验技术能力。

(三)落实质量监管责任，进一步加大粮食质量安全监管和公共服务力度

2009年，《中华人民共和国食品安全法》颁布施行，各级粮食部门深入学习贯彻落实《食品安全法》，进一步加强粮食质量监管，切实维护广大消费者的身体健康和生命安全。

1.加强对粮食质量监管工作的组织领导

为切实加强对粮食质量安全监管工作的领导，落实粮食质量监管责任，山西、上海、江苏、安徽、福建、山东、河南、湖北、广东、重庆、云南、陕西、宁夏13个省（区、市）粮食行政管理部门成立了由“一把手”负总责，分管领导具体负责的省级粮食质量安全监管协调领导小组，并要求市、县粮食行政管理部门也成立相应的责任机构，在粮食部门形成上下对应，快捷高效的质量安全监管协调机制。

2.全力组织做好2009年全国粮食清仓查库的质量抽查工作

按照《国务院办公厅关于开展全国粮食清仓查库工作的通知》（国办发〔2008〕118号）和《关于印发2009年全国粮食清仓查库工作实施方案的通知》（发改经贸〔2008〕3676号）关于库存粮食质量检查的总体部署，各省（区、市）开展了清仓查库质量检验工作，并对各地自查情况进行了省级复查和部际联合抽查。省级复查和部际抽查共扦取样品8478份，涉及1470个库点，获得检验数据5.5万个，质量抽样合格率达到97.1%，宜

存率为99.1%，检验结果显示目前国有粮食企业库存粮食质量状况总体良好，储存比较安全。

结合2009年全国粮食清仓查库质量检查工作，还组织开展了储存环节原粮农药残留专项抽查工作，抽检项目为列入重点监测范围的25种农药，全部样品农药残留合格率99.4%。

3.继续加强地方粮食质量监管工作

各地粮食行政管理部门继续加大粮食质量监管工作力度，积极开展地方储备粮质量抽查工作，全国31个省（区、市）共扦取抽查样品1326份，质量合格率为93.8% 品质宜存率为98.6%。

在地方储备粮质量管理工作中，辽宁进一步严格了粮食收购资格的审批，增加了收购企业粮食检验能力的审核与认定。天津、浙江对于入库的储备粮和超过国家规定储存年限出库的储备粮，必须经有资质的检验机构进行质量鉴定，对鉴定不合格的省级储备粮按照规定发出不合格确认书，经整改合格后，方可入库或出库销售。

北京、辽宁、上海、江苏、浙江、福建、河南、湖北、广东9个省（市）结合本地实际情况，开展了收获环节的原粮卫生状况调查与监测，为有效预防粮食污染突发事件、减少种粮农民损失，也对完善相关管理制度和收购政策发挥了重要作用。福建省还制定了全省污染物风险监测体系建设规划，建立健全粮食质量安全风险监测制度，实施开展以粮食储备库、粮食批发市场和骨干粮食加工企业为重点的粮食质量安全监测。

4.进一步推进粮食经营者履行质量安全责任

各级粮食行政管理部门加强对粮食收购、储存和政策性用粮购销活动中粮食经营者履行质量安全责任的监督指导，进一步增强粮食经营者的质量安全责任意识。天津要求粮食经营企业严格遵循“三个严格、两个确保”，即严格制度、严格管理、严格责任，确保储备粮数量真实、质量良好和储存安全，确保储备粮管得好、调得动、用得上，并积极推广以低温（准低温）、控温储藏为主的绿色储粮技术。辽宁对全省粮食收储企业质量建档、建标、建制及执行国家粮食标准等情况进行了全面调研，基本掌握了全省粮食收储企业的质量管理情况。浙江对粮食收购企业应具备的必要检验仪器设备、检验能力和技术人员条件进行了详细规定。福建储粮企业加强对储粮药剂使用管理，严格执行熏蒸审批制度，大力推广低剂量熏蒸或免熏蒸等绿色储粮技术。

5.做好粮食质量政策知识宣传工作

2009年是《食品安全法》颁布实施的第一年，同时也是《粮食流通管理条例》颁布五周年，各级粮食行政管理部门通过各种形式加大宣传力度，引导广大粮食经营者知法守法、依法经营，不断提升社会公众的粮食质量安全意识。河北参加了全省《食品安全法》现场宣传，积极宣讲粮油健康消费科普知识，并通过文化科技卫生“三下乡”活动，集中宣传科学储粮、科学膳食、节约用粮知识，现场解答种粮农民提出的粮食政策和储粮技术咨询。山东参加了全省《食品安全法》宣传周活动，共发放粮油质量宣传材料1000余份，举办了《粮食流通管理条例》颁布五周年大型宣传活动，并举行了“科学消费植物油”科技活动周宣传活动。陕西参加省政府新闻发布会，现场发布了全省粮食质量管理工作和新标准的有关情况，进一步扩大了粮食质量管理工作的社会影响。

第八部分

粮食行业发展

一 粮食流通基础设施和物流体系建设

2008年底以来，为应对国际金融危机，国家实施扩大内需政策，中央财政加大了对粮食流通基础设施的支持力度，各地和有关中央企业也积极筹措资金，加强粮食流通基础设施建设，推进粮食现代物流发展。2009年，我国粮食流通基础设施和物流体系建设以及农户科学储粮专项取得了显著成效。

（一）认真落实国家扩大内需政策，积极推进粮食流通基础设施建设

2008年四季度以来，国家加大了对粮油仓储物流和烘干设施建设的投入力度。2009年5月，国务院印发了《关于当前稳定农业发展促进农民增收的意见》（国发〔2009〕25号），提出“今明两年要安排中央建设投资建设粮食储备仓容1500万吨、储备油罐175万吨”，以及“从今年起，安排中央补助投资建设资金，实施农户科学储粮专项”的工作要求。国家发展改革委、国家粮食局研究制定了《粮油仓储设施建设方案》，确定2009～2010年两年安排中央投资42.6亿元建设1500万吨仓容和175万吨油罐。2009年上半年安排5亿元用于支持中储粮系统建设储备仓容107万吨，食用油储备油罐罐容34万吨；10月底又安排2.4亿元用于解决黑龙江省粮食收储仓容不足的突出问题，支持黑龙江省建设地方粮库仓容100万吨。2009年，国家共安排中央补助投资17.78亿元用于粮库、油罐和物流设施建设和仓房维修改造，并开始正式实施农户科学储粮专项。

（二）配合国家粮食宏观调控政策的执行，进一步加强粮食仓储和物流体系建设

根据全国《粮食现代物流发展规划》，为加强主要物流通道和节点的散粮设施建设，推进粮食现代物流体系建设，2009年国家安排了中央补助投资5.38亿元用于支持90个粮食现代物流项目的建设工作。同时，各地通过政策扶持和投资引导，多渠道筹集资金，加快推进主要物流通道和节点项目建设，推广应用散粮运输装卸新技术新设备。

表8-1 2009年90个粮食现代物流项目基本情况

单位：万元

省份（单位）	项目个数	总投资	中央补助投资
总　计	90	1350939	53825
河北省	4	40910	1425
山西省	1	33618	400
内蒙古自治区	2	23920	1000
辽宁省	3	125374	2000
大连市	1	76319	1000

续表

省份（单位）	项目个数	总投资	中央补助投资
吉林省	6	105073	3100
黑龙江省	7	22679	2000
黑龙江农垦总局	3	21343	1100
江苏省	4	72575	2300
浙江省	2	42859	1000
安徽省	3	26522	1100
福建省	1	32125	800
江西省	1	16507	600
山东省	5	72292	2100
河南省	4	29700	1900
湖北省	4	53836	1800
湖南省	4	157813	1500
广东省	3	76205	1800
广西壮族自治区	1	900	200
重庆市	3	10889	1000
四川省	2	46000	1300
陕西省	2	48385	1200
甘肃省	2	8283	700
中国储备粮总公司	6	40567	7800
中国华粮物流集团公司	12	24002	7400
中粮集团有限公司	4	142242	7300

为解决我国粮食连续五年丰收后主产区收储烘干能力不足的矛盾，配合最低价收购政策的执行，中央财政安排了3亿元补助资金用于河北、内蒙古、辽宁、吉林、黑龙江、江苏、安徽、江西、山东、河南、湖北、湖南、广西、四川、新疆15个启动最低收购价政策省（区）的粮食收储库点的仓房维修改造。通过维修改造，有效缓解了上述地区仓容不足和收储条件差的问题，保证了粮食收购工作的顺利进行。

2009年，全国粮食仓房维修改造共投入资金约5.2亿元，主要集中在粮食主产区。广东、广西、宁夏、山西、云南、甘肃、北京、上海等非主产区也积极筹措资金，加大对仓房维修改造的投入。通过维修改造，上述地区的仓储设施得到了较大改善，仓容不足的压力得到缓解，科学储粮水平不断提高，一些地区露天储存粮食的数量大为减少，这对于增强粮食主产区的仓储能力，保障最低收购价政策的顺利实施起到了重要作用。

(三)加大投资扶持规模，农户科学储粮专项正式实施

在2007年试点基础上，国家粮食局研究制定并向国家发展改革委报送了《农户科学储粮专项建设规划》和2009年实施方案，制定并发布了《农户科学储粮专项管理办法》和《农户小型粮仓建设标准》。国发〔2009〕25号文件明确了

从2009年起安排中央补助投资建设资金，实施农户科学储粮专项。2009年国家发展改革委首先安排中央补助投资2亿元，加上地方配套和农户自筹，总投资约6.7亿元，在河北、内蒙古、辽宁、吉林、黑龙江、安徽、江西、山东、河南、湖北、湖南、四川等粮食主产区和陕西、新疆两个西部主要产粮区14个省（区）为57.2万农户建设标准化小型粮仓。经过半年时间的工作，各省（区）粮食行政管理部门克服了时间紧、任务重、配套资金落实难以及冬季施工等不利因素，超额完成了预定建设任务：14个省（区）共完成投资66785万元（其中中央预算内投资20000万元，地方政府配套资金23133万元，农户自筹资金23652万元），为57.45万农户配备了标准化储粮装具。项目为农户配置的储粮装具大部分已经投入使用，项目中选用的储粮装具设计科学，具有防鼠、防霉、防潮、进出粮方便、安装快捷等特点，减损效果显著，深受农民欢迎。通过项目实施，不仅减少了粮食损失，增加了农民收入，还有效拉动了农村市场消费。项目区的57.45万农户每年可增加收入1.3亿元，同时还带动农户投资储粮装具2.4亿元。基层政府也对项目的实施给予了高度评价，称项目是“促进农民增收致富的惠民工程”。

表8-2 农户科学储粮专项完成情况汇总表

地区	配置仓型	建设任务农户数量（万户）	实际完成农户数量（万户）	完成投资（万元）			
				总投资	中央投资	地方配套	农户自筹
合计		57.2	57.45	66785	20000	23133	23652
河　北	彩钢板组合仓	6	6	2340	702	1170	468
内蒙古	钢骨架矩形仓	2	2	6000	1800	1800	2400
辽　宁	钢骨架矩形仓	5	5	15000	4500	4500	6000
吉　林	钢骨架矩形仓	3	3	9000	2700	4500	1800
黑龙江	钢网式干燥仓	5.5	5.5	18150	5409	5445	7296
安　徽	彩钢板组合仓	2.5	2.53	975	292	400	283
江　西	彩钢板组合仓	2	2	800	240	240	320
山　东	彩钢板组合仓	6.7	6.7	2680	804	804	1072
河　南	彩钢板组合仓	2	2	800	240	240	320
湖　北	彩钢板组合仓	5	5	2000	600	1000	400
湖　南	热浸镀锌钢板仓	5	5	2000	600	600	800
四　川	彩钢板组合仓	5	5.22	2150	645	860	645
陕　西	彩钢板组合仓	2.5	2.5	1075	323	430	323
新　疆	木骨架金属网仓	4.5	4.5	3600	1080	1080	1440
	彩钢板组合仓	0.5	0.5	215	65	65	86

（四）粮食流通基础设施建设投资统计显示，各项设施建设成效显著

2009年，粮食流通基础设施投资按项目分类进行统计，包括储备粮库、粮食物流设施、食用植物油罐、仓房维修改造、粮食检验检测、粮食批发市场、粮食流通应急设施、农户储粮设施和

其他9类项目。统计显示：2009年，全国粮食流通基础设施建设项目共10231个，其中完工项目8307个（占项目总数的81%），在建项目1282个（占13%），前期项目642个；新开工项目4793个，占项目总数的47%，占完工和在建项目的50%。全国粮食流通基础设施建设项目总投资550亿元，年度完成投资212亿元，项目累计完成投资293亿元。各类建设项目新建仓容3766万吨（其中立筒仓和浅圆仓573万吨），新建油罐352万吨，大修仓容2614万吨；新增粮食专用码头泊位81个，能力3186万吨；新增铁路专用线8.2公里，新增散粮接收发放能力5.8万吨/小时。

2009年全国粮食流通基础设施建设投资项目有以下一些特点：

1.年度建设规模和投资大幅增加

与2008年度相比，完工和在建项目共增加2668个，增幅39%（其中完工项目增加2656个，增幅47%）。年度完成投资增加100亿元，增幅89%。新建仓容共增加1024万吨，增幅37%；其中立筒仓和浅圆仓仓容增加259万吨，增幅82%。新建油罐增加190万吨，增幅117%。新建粮食专用码头能力增加1767万吨，增幅125%。

表8-3 年度投资和建设情况对比表

年度	年度建设项目（个）	年度完成投资（亿元）	新建仓（万吨）	新建油罐（万吨）	新建铁路专用线（米）	新建码头（万吨）
2008年度	6955	112	2742	162	63955	1419
2009年度	9589	212	3766	352	82271	3186
增幅	39%	89%	37%	117%	29%	125%

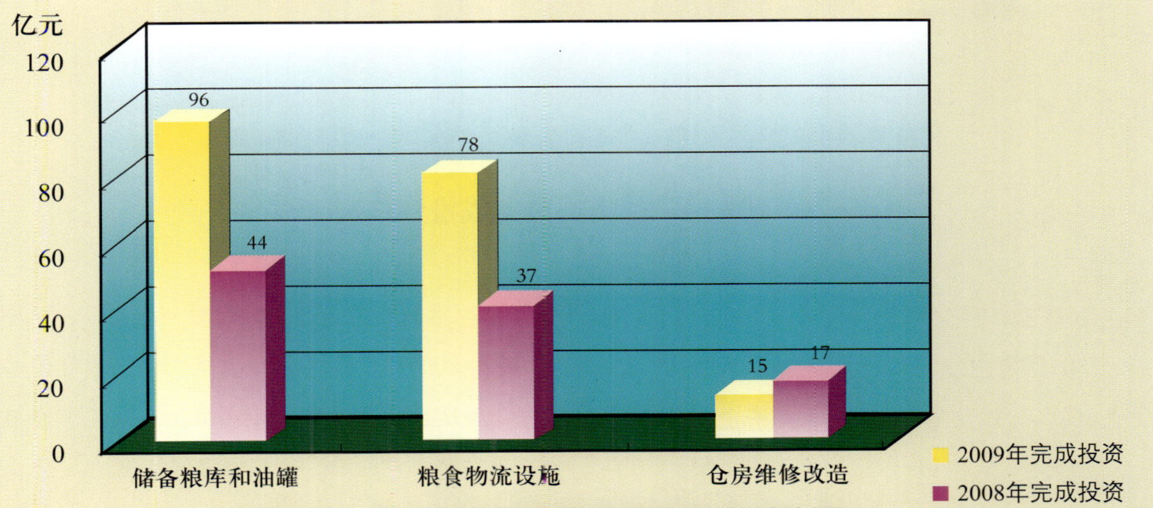

图8-1 部分主要项目完成投资年度对比图

2.政府投资扶持力度显著增加

2009年度内建设项目和已具备建设条件的前期项目总投资550亿元中，中央和地方财政投资约106亿元，占总投资的19%。但项目投资仍以企业投资为主，约占总投资的50%，银行贷款筹资方式仍占较大比例（20%）。

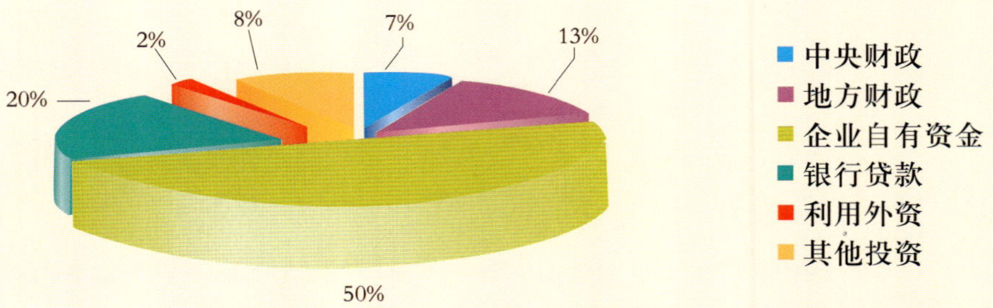

图8–2　项目总投资中投资来源情况对比图

3.项目投资以粮食物流和粮油仓储设施为主

2009年度各类项目共完成投资212亿元，主要是储备粮库项目（占38.1%）、粮食物流设施项目（占36.6%），两类项目约占完成投资总额的75%。

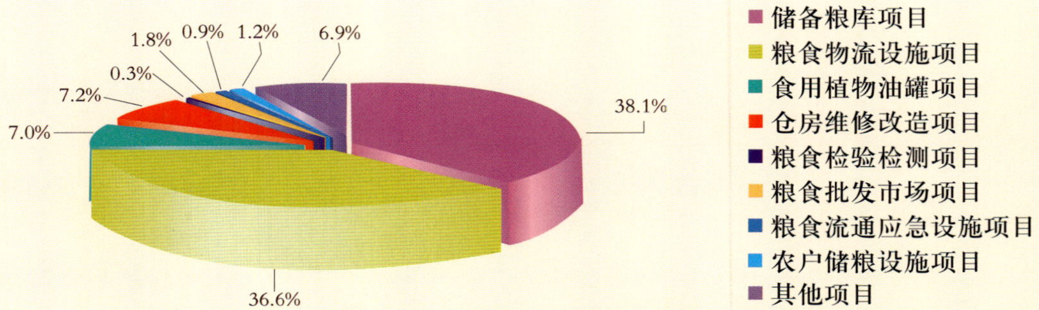

图8–3　各类项目完成投资情况

4.项目建设以国企为主

2009年度内建设项目年度完成投资中，国有企业占75%，民营企业占22%，外资企业占3%。

5.主要跨省流通通道建设投资格局日趋合理

2009年全国六大粮食物流通道粮食流通基础设施建设，长江中下游通道、东北流出通道、华东沿海流入通道、黄淮海流出通道投入较多。

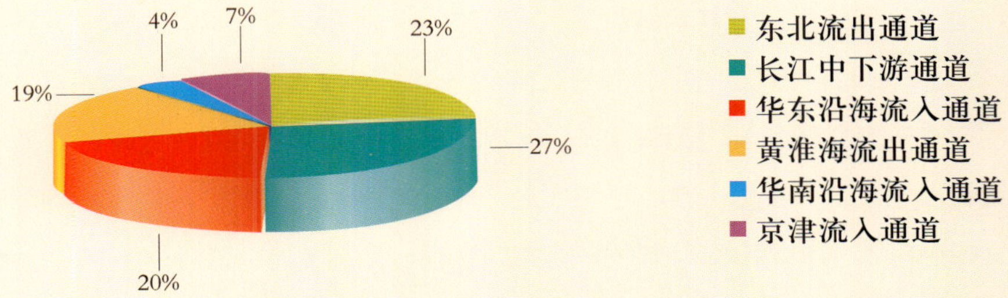

图8-4 2009年度全国主要粮食物流通道建设完成投资情况

二 粮食仓储行业管理现状与展望

2009年，粮食仓储制度建设取得突破，依法管仓储的机制基本建立，粮食仓储行业监管得到加强，粮食仓储企业规范化管理水平显著提高，粮食仓储基础设施不断改善。粮食仓储行业为确保各级政府粮食储备的数量真实、质量良好和储存安全，为国家粮食收购政策的顺利实施，为国家粮食安全做出重要贡献。

(一)粮食仓储行业管理现状

1.制度建设取得重大突破，依法管仓储的格局初步形成

继2008年国家发布《粮油储藏技术规范》（LS/T1211—2008）后，国家发展和改革委员会于2009年12月29日正式发布了粮食行业的第二个部门规章——《粮油仓储管理办法》（以下简称《办法》），该《办法》是对原商业部1987年颁布的《国家粮油仓库管理办法》的修订，使其更能适应新发展、新形势的需要，在新情况下对粮食仓储行为重新规范。《办法》共有6章34条。《办法》明确了各级粮食行政管理部门在仓储行业的监管职责和粮油仓储单位的义务；强调了粮油仓储单位应当建立健全的各项制度；重新规定了粮油储存损耗的定义、定额和处置办法，粮油储存事故分类和报告制度；设立了处罚措施。《办法》出台后，国家粮食局发布了《粮油仓储企业规范化管理水平评价暂行办法》、《粮油仓储企业仓房（油罐）编号暂行办法》、《国家粮食局关于印发库存粮油货位卡等粮油仓储管理常用表格表样的通知》等规范性文件，粮油仓储制度体系初步建立，依法管仓储的格局进一步完善。

2.发布粮油保管账制度，库存粮油数量管理更加严谨科学

针对2009年全国粮食清仓查库工作中发现的问题，为了规范粮油仓储企业对库存粮油数量的

管理，根据《粮油仓储管理办法》，国家粮食局设计并发布了“粮油保管账制度”。基本解决了一企多账、水分杂质减量和自然损耗处置不科学、不同水分杂质粮食数量科学累计、记账凭证不规范、账簿档案管理不规范、记账方法不严谨等问题。粮油保管账确定了“日清月结”的记账原则。规范了记账凭证、粮油保管明细账、粮油保管总账的格式。通过“折标准水分杂质数量”的科目，科学解决了库存粮食数量的累计问题。

3.开展粮油仓储企业规范化管理活动，企业管理水平显著提高

为进一步提高粮油仓储企业管理水平，国家粮食局发出了《关于开展粮油仓储企业规范化管理活动的通知》，要求各粮油仓储企业以宣传贯彻新颁标准和管理制度、建立完善粮油仓储管理规章、改善粮油仓储保管条件、治理不规范管理行为和创建规范化管理企业为主要内容，深入开展粮油仓储企业规范化管理活动，切实提高从业人员素质，提高企业管理水平，保证库存粮食安全，促进仓储行业发展。活动达到了预期目的。各地区各企业参与活动的热情高涨，形成了“比学赶帮”的良性竞争氛围。一些企业已经成为仓储管理方面的典型和标杆；各企业在活动中认真查找和梳理企业日常管理中存在的问题和差距，强化了仓储作业的流程管理、细化了工作标准，建立了企业管理制度体系、标准体系和考评体系；参与活动的企业环境卫生、职工精神面貌、企业经营环境得到了很大改善。

4.粮食仓储设施设备条件进一步改善，非国有企业进入加快

据统计，截至2009年底，全国规模以上粮食仓储企业有17995户，其中非国有仓储企业4372户；仓房总仓容36424.3万吨，其中非国有仓储企业5172.1万吨；油罐总罐容1178.4万吨。另有简易仓房容量3061.9万吨，罩棚1393.0万平方米，地坪20066.1万平方米。全国总仓容、有效仓容分别较上年度增加3042.3万吨、2973.3万吨，增长率分别为9.1%、10.1%。主要保粮设备装备水平进一步提高，其中装备环流熏蒸系统、计算机测温系统和机械通风系统的仓容分别占有效仓容的39.8%、54.3%、75.3%。非国有粮食仓储企业在全国占比进一步提高。2009年底，非国有企业户数和有效仓容分别较2008年增长24.7%、49.1%，占全国总数比重分别上升4.7、4.1个百分点。

(二)粮食仓储行业发展特点

1.多元主体对粮食储存安全重视不够

近年来，随着粮食流通体制改革的深入，粮食仓储市场主体进一步多元化，具体表现为非国有企业和非粮食系统国有企业不断增加。这些企业的仓储设施条件、人员素质、管理水平参差不齐，特别是少数企业片面强调经营而忽略储粮安全责任，甚至游离于粮食仓储行业管理之外，不利于库存粮食的数量安全、质量安全和卫生安全，储粮安全事故和粮食卫生事件时有发生。如何加强这些企业仓储业务的监管，对于各级粮食行政管理部门是一个新课题。

2.粮食仓储网点布局调整将对仓储行业发展产生影响

受物流园区规划、战略装车点政策的影响，在部分地区出现了粮食仓储网点集聚的现象。总体上

看，这种集聚有利于发挥产业集群优势，有利于共享物流、信息、人才、市场的资源，有利于仓储行业科学发展。但是，在粮食仓储企业改革进程加快的背景下，也出现一些基层网点流失的情况，导致农民售粮距离过远，同时可能给基层粮食应急保障带来不利影响，需要引起高度关注。

3. 粮食仓储企业生存发展面临不少困难

近年来，受国家托市收购等政策的影响，粮食仓储企业经营状况有所好转，但总体上看经营依然困难，企业发展面临重重压力。主要是经营活动严重依赖于政策性业务，盈利能力不足，获取资金困难，设施条件较差，人员素质不高，历史包袱较重等。

（三）粮食仓储行业发展展望

《粮油仓储管理办法》的发布实施为行业发展创造了良好的制度环境，粮油仓储企业规范化管理活动进一步提升了仓储企业的管理水平，为行业发展创造了有利条件。2010年我国粮食仓储工作的总体目标是：完善粮食仓储管理制度体系和技术标准体系，推动依法管仓储进程；总结粮油仓储企业规范化管理活动成果，推动粮油仓储企业规范化管理水平提高；以贯彻粮油保管账制度为切入点，提高库存粮食数量管理水平，确保库存粮食的数量安全；以召开粮油仓储节能减排专题技术会议为契机，促进粮食仓储技术进步，保障库存粮食的储存安全。

1. 深入贯彻《粮油仓储管理办法》，形成依法管仓储的工作机制

在行业内广泛宣传贯彻《粮油仓储管理办法》，树立依法管理仓储的意识。督促地方建立粮油仓储单位备案制度、熏蒸作业备案制度，并开展备案监管工作。理顺各级粮食行政管理部门与仓储企业的关系，建立规范的仓储业务监督管理机制，加强对仓储业务的监管。

2. 继续加大制度建设力度，基本形成粮食仓储管理制度体系

力争年内启动《“四无”粮仓管理办法》修订工作，启动《粮油仓储设施设备管理使用办法》、《露天储粮技术规程》等规范性文件的起草工作，进一步完善粮食仓储管理制度体系。

3. 总结粮油仓储企业规范化管理活动经验，建立仓储企业规范化管理长效机制

总结粮油仓储企业规范化管理典型经验，树立新时期粮油仓储企业管理典型。总结各地开展规范化管理活动经验，研究建立仓储企业规范化管理长效机制，全面提升仓储企业规范化管理水平。

4. 加大行业管理力度，确保非国有粮食仓储企业库存粮食的储存安全

加强对非国有粮食仓储企业进入市场的管理，保证企业有基本的设施设备和专业人员；加强对非国有企业仓储业务的指导，提高企业管理水平；强化对非国有企业仓储管理行为的监督管理，严格执行国家有关粮食仓储方面的管理制度和技术标准，避免储粮安全事故，降低损失损耗。

三 粮油加工业发展

2009年，随着国家“扩内需保增长”和促进农业增收，继续加大对粮油加工业健康发展的扶持政策措施的实施，在经济回暖和消费升级带动的背景下，针对国际金融危机影响较大的东北大豆、玉米加工以及油菜籽加工企业，国家及时出台政策，有效保护了农民利益和企业利益，明显提高了企业开工率。国家扶持政策实施效果显著，粮油加工业总体平稳较快发展。龙头企业产业化水平逐步提高，行业资源整合进一步加快，粮油加工规模大型化趋势明显。

(一)国家从政策和资金方面大力扶持粮油加工产业，托市收购及定向销售补贴等政策直接惠及企业

《全国新增1000亿斤粮食生产能力建设规划（2009～2020年）》的出台，将为今后发展粮食加工业提供丰富优质的原料保证。吉林、黑龙江和河南3省增产规划对有关粮油加工业发展提出了具体措施意见。《轻工业调整与振兴规划》提出，支持粮油加工业企业调整产品结构，重点推进油料品种多元化；实施高效、低耗、绿色生产，促进油料作物转化增值和深度开发，保障食用植物油供给安全；实施食品加工安全专项，加强食品安全监测能力建设。

为保护种粮农民利益，保障国家粮食安全，稳定国内农产品价格，促进农民增收增效，继续加大对粮油加工业的政策扶持，国家继续实施稻谷、小麦的托市收购政策，并且将油菜籽、东北大豆纳入国家临时存储托市收购品种范围。一是对油菜籽主产区具有一定资质条件和规模的指定国有或民营油脂加工企业入市收购加工2009年度国产油菜籽给予一次性定额费用补贴。二是国务院第58次常务会议明确提出了促进国内玉米深加工企业提高开工率、缓解粮食库存压力的具体措施，国家对内蒙古、辽宁、吉林、黑龙江一定规模以上玉米深加工企业定向销售部分国家临时存储玉米，中央财政对划转地方并付诸加工的临时存储玉米给予加工企业一次性定额补贴。三是引导东北地区（黑龙江、吉林、辽宁、内蒙古）大豆压榨企业入市收购，对东北地区规模较大、信誉较好、统计规范的共127家指定大豆压榨企业，入市收购并压榨加工的2009年国产大豆，中央财政给予一次性定额费用补贴。

国家粮食局和中国农业发展银行合作，明确支持粮油加工业产业化龙头做优做强，对企业生产基地建设、技术升级改造、固定资产购置和食品安全及检测能力建设，以及粮食订单收购和放心粮油工程建设等项目中长期贷款加大支持力度。

国家粮食局按照加强粮油加工业产能监测、预测分析服务的要求，进一步加强了粮油加工业统计工作，修订完善“粮油加工业统计制度”和指标体系；在开展年度统计的基础上，首次开展了830家重点粮油加工业企业上半年统计。

表8-4 2009年国家出台的粮油加工企业参加托市收购加工补贴政策一览表

序号	文件名	支持企业对象	主要补贴支持政策
1	中共中央国务院《关于2009年促进农业稳定发展农民持续增收的若干意见》（中发〔2009〕1号）	粮油加工业企业	支持优势产区集中发展油料等经济作物生产。继续提高粮食最低收购价
2	国务院关于印发《轻工业调整与振兴规划》的通知（国发〔2009〕9号）	粮油加工业企业	支持粮油加工业企业调整产品结构，重点推进油料品种多元化，实施食品加工安全专项，加强食品安全监测能力建设
3	国家发展改革委、财政部、国家粮食局关于做好2009年油菜籽收购工作的通知（发改经贸〔2009〕1362号）	南方油菜籽产区加工企业	每吨200元的一次性费用补贴给相关省确定的加工企业
4	国家发展改革委、财政部、国家粮食局关于做好支持东北地区大豆加工企业加工生产的通知（财建明电〔2009〕12号） 关于明确东北地区大豆划转有关问题的函（财办建〔2009〕130号）	东北三省一区大豆加工企业	每吨补贴210元，临时储备玉米定向销售给玉米深加工企业
5	国家发展改革委、财政部、国家粮食局关于做好国家临时存储玉米定向销售工作的通知（发改电〔2009〕219号）	东北三省一区玉米深加工企业	每吨玉米补贴150元，临时储备玉米定向销售给玉米深加工企业
6	财政部关于明确2009年部分国家临时存储玉米定向销售补贴政策的通知（财建〔2009〕566号）		
7	财政部、国家发展改革委、国家粮食局、中国农业发展银行关于印发《东北大豆压榨企业收购加工2009年度国产大豆补贴管理办法》的通知（财建〔2009〕854号）	东北三省一区大豆加工企业	对东北大豆压榨企业收购2009年新产大豆每吨补贴160元
8	财政部、国家发展改革委、国家粮食局、农业发展银行、中国储备粮管理总公司关于印发《南方饲料消费省份采购东北地区2009年新产玉米费用补贴财务管理办法》的通知（财建〔2009〕853号）	南方购销企业或饲料企业	对南方饲料消费省份采购东北2009年新产玉米进行补贴，采购每吨玉米补贴70元运费

国家有关部门积极落实《轻工业调整和振兴规划》，国家粮食局研究提出了“粮油加工业”相关内容的具体措施意见，明确了未来三年粮油加工业技改投资方向。2009年，国家安排粮油加工业国债技改206个项目立项，总投资89.9亿元，国债投资补助资金4.7亿元。技改投资项目按行业分，大米加工业40个，小麦粉加工业26个，食用植物油加工业76个，玉米加工业12个，大豆食品加工业12个，薯类及杂粮加工业12个。

（二）着眼长远发展，有关部门积极编制《粮食加工业发展规划》

根据《国家粮食安全中长期规划纲要（2008~2020年）》(国发〔2008〕24号)要求，由工业和信息化部会同国家粮食局、农业部等部门组织编制《粮食加工业发展规划》（报送稿）。规划着眼于建立现代化的粮食加工体系，发挥粮食加工业对粮食产业的带动作用，以保障国家粮食安全。规划对粮食加工业的发展现状及面临形势进行了分析，提出了粮食加工业未来10年发展的指导思想、基本原则和目标，重点任务，产业布局，行业准入，政策措施，重点项目。

规划总体体现以下思路：一是与粮食安全的紧密结合。作为国发〔2008〕24号《纲要》的第九项子规划，不是单纯的加工业发展规划，充分体现粮食加工业发展保障供给安全的要求，使粮食加工业发展与加强宏观调控有效结合起来，强调完善粮食应急加工供应体系等建设。二是贯彻《食品安全法》，确保食品安全，强化粮食加工业食品安全控制体系和检测监测能力建设。三是体现走新型工业化道路要求，紧紧围绕“完善现代化粮食加工体系，大力发展粮食食品加工业，适度发展以玉米为原料的深加工业”，提出了粮食加工业发展的总体目标以及行业自身健康稳定发展的重点任务。四是考虑到应对突发事件等情况，提高应对挑战和抗风险的能力，建立粮食加工业稳定健康发展的长效机制。五是充分吸纳国家有关规划、国家发展改革委关于促进玉米深加工业、大豆加工业健康发展的指导意见等成果。六是注重体现粮食加工企业发展方向。

（三）粮油加工业主要产品产量和主要经济指标继续保持平稳增长，尤其是食用植物油加工业效益大幅增长

2009年，随着国家“扩内需保增长”和促进农业增收、扶持粮油加工业健康发展政策的落实，粮油加工业继续保持平稳发展态势。粮油加工业工业总产值超过万亿元，达到11184.2亿元，工业增加值1553.2亿元，利润总额312亿元，分别比上年增长了16%、36%和46.3%。粮油加工业销售收入利润率2.8%，比上年增加0.5%。按行业分，大米加工业、小麦粉加工业、食用植物油加工业、玉米加工业、粮食食品加工业、杂粮及薯类加工业、饲料加工业和粮机设备制造业企业分别实现销售收入利润率1.9%、1.7%、2.3%、5.3%、4.7%、4.5%、2.6%和7%。

表8-5 2009年度粮油加工业主要经济指标情况

项目类别	产品销售收入（亿元）	比上年增幅（%）	利润总额（亿元）	比上年增幅（%）	销售收入利润率（%）
粮油加工业	**11198.9**	**16**	**312.0**	**46.3**	**2.8**
一、大米加工业	1909.2	24.5	37.3	47.4	1.9
二、小麦粉加工业	1558.1	16.7	26.3	11.5	1.7
三、食用植物油加工业	3622	5.6	81.6	82.4	2.3
四、玉米加工业	1437.6	18.7	76.6	54.1	5.3
五、粮食食品加工业	651.5	30.8	30.7	19.1	4.7
六、杂粮及薯类加工业	185.7	216.4	8.3	185.9	4.5
七、饲料加工业	1649.5	15.1	43.1	13.8	2.6
八、粮机设备制造业	85.3	29.5	6	81.9	7

大米加工业、小麦粉加工业利润合计63.6亿元，比上年增长14.4亿元，增幅29.7%。2009年，国家出台油菜籽托市收购、玉米和大豆定向销售及托市收购加工等重要调控政策，惠农惠企成效明显。2009年底，食用植物油价格有所回升，食用植物油行业利润大幅增长。食用植物油加工业利润81.6亿元，比上年增加36.8亿元，增幅82.4%。根据湖南、湖北等油菜籽主产区加工企业统计数据，油菜籽托市收购一定程度上对加工企业规避市场经营风险起到了促进作用。国家相继出台东北地区大豆临时储存定向销售和托市收购加工补贴政策后，严格执行质价标准，积极入市收购，极大地调动了企业的生产积极性。据吉林省统计，2009年下半年以来，吉林省大豆制油企业开工率达到90%以上。

(四)粮油加工企业规模化效益显现，企业兼并重组步伐加快

大米、小麦粉、食用植物油加工企业与2008年统计数据相比，日产能400吨以上的企业数量有所增加，同时产品产量也大幅增加，占总体的比重也呈增长态势。从统计数据来看，2009年度日处理稻谷400吨以上的大米生产企业数量153个，比2008年增加了48个，增幅41.7%；产能3442.8万吨，比上年增加1063.8万吨，增幅44.7%。小麦粉加工企业比上年减少了41个，但日处理小麦400吨以上的企业数量262个，比2008年增加了26个，增幅9.6%；产能4912.3万吨，比上年增加369.2万吨，增幅8.9%；日处理油料或油脂精炼能力1000吨以上的企业数量123个，比2008年增加了31个，增幅32.6%，油料处理能力和油脂精炼能力分别为6344.8万吨、1025.0万吨，分别占总量的57.9%和30.2%，分别比上年增加1873.2万吨和107.7万吨，增幅分别为41.9%和11.7%。

2009年，粮油加工企业继续通过重组兼并，淘汰落后产能，企业呈现规模化经营趋势，大中型企业数量增加。中国中纺集团公司通过兼并国内多家国有和民营食用植物油企业，投资3.16亿元扩建了天津市保税区油脂加工项目，2009年

底达到日精炼能力1600吨和棕榈油分提能力600吨，整体拥有年大豆压榨能力600万吨，年精炼能力200万吨，油脂贸易、加工异军突起，已成功跻身国内大型粮油食品企业之列。中国储备粮管理总公司在江苏镇江、广东东莞建设了食用植物油加工厂。

（五）产业化龙头企业带动作用突出，产值和利润位居行业前茅

国家粮食局和中国农业发展银行重新认定了北京古船食品有限公司等1938户粮食产业化龙头企业，作为产业化重点支持企业。湖北、安徽、江西、河北、新疆等地继续将粮食产业发展纳入地方经济发展规划，继续安排专项资金对粮油精深加工和产业化项目予以贴息，大力支持企业全面提升龙头企业的规模和实力，提高粮油加工业产业经济综合效益和整体发展水平。

2009年，粮油加工业企业通过兼并、重组，粮食加工业的规模化、集约化经营取得了新进展，形成了一批集贸、工、商一体化、具有较强竞争力的大型粮油加工龙头企业。据国家粮食局统计，粮油加工企业中，国家级、省级及市级产业化经营龙头企业共2213家，比2008年度增加440家，增长24.8%；龙头企业数量占企业总数的15.3%，占比提高2.4个百分点，其中国家级粮油产业化龙头企业139家，省级产业化龙头企业746家，市级产业化龙头企业1174家。2213家产业化龙头企业实现工业总产值4034.5亿元，占全行业工业总产值的36.4%；利润总额133.3亿元，占全行业总利润的42.5%，产品销售收入利润率3.33%，比全行业利润总额平均水平高0.5%，总体上经济效益远高于中小企业。

（六）粮油加工业企业科技水平投入仍偏低，企业创新能力有待提高

2009年全国粮油加工业企业科技研发经费投入23.6亿元，仅占企业产品销售收入的0.2%，科技经费投入水平依然偏低。大部分加工企业的新产品、新技术研发能力不足，产品技术含量偏低。大部分企业为中小型企业，效率低，投入少，技术进步缓慢。

表8-6 2009年度粮油加工业企业获得专利、科研投入情况表

单位：件、亿元

项目类别	专利获得数	其中：发明专利	研究开发经费投入
全国总计	1984	528	23.6
大米加工业	368	70	2.9
小麦粉加工业	208	37	1.9
食用植物油加工业	266	88	5.4
玉米加工业	81	37	8.4
粮食食品加工业	626	140	0.9
杂粮及薯类加工业	91	26	1.3
饲料加工业	111	51	2
粮机设备制造业	189	75	0.9

(七)企业更加重视食品安全能力建设，放心粮油示范工程取得新成绩

2009年，《中华人民共和国食品安全法》正式实施，政府、企业对食品安全的重视都提到了新的高度。卫生部、国家发展改革委等部门联合开展了食品安全整顿工作。国家粮食局结合清仓查库工作，对中央储备粮开展了全面的质量卫生检查，进一步加强对粮油加工产品标准制修订工作。同时，为保证居民健康消费，保障粮油食品安全，国家粮食局继续推动面粉行业禁用增白剂工作。粮油加工企业也更加重视生产和保证各环节的食品安全，尤其是更加重点关注源头。如中粮集团有限公司实施全产业链战略，从源头到餐桌每个环节都做到避免出现食品安全隐患。

放心粮油进农村进社区示范工程继续推进，《深入推进放心粮油进农村进社区示范工程的实施意见》明确了指导思想，制定了工作目标和任务措施。放心粮油科普宣传活动成效显著，各地粮食行业协会和粮油企业在“全国质量月”期间开展了“放心粮油宣传日”活动，广泛宣传粮油科学知识和食品安全常识，宣传放心粮油工程，树立了企业和产品形象，提高了消费者的食品安全意识和自我保护能力，使社会各界更加了解、重视、支持放心粮油工程。

(八)2010年粮油加工业展望

发展粮油食品加工业，促进粮油加工转化和副产品综合利用，提高粮食产出率和附加值，保障粮油食品质量安全，对满足城乡居民生活多样化的粮食消费需求，发展现代农业和粮食流通产业，促进农民增收，农业增效，增加就业，推动地方经济发展，保障国家粮食安全，实现小康社会战略目标等具有重要意义。2010年，国家有关部门将加大力度落实《国家粮食安全中长期规划》（国发〔2008〕24号），制定《粮食加工业发展规划》（2010～2020年）及《粮油加工业“十二五”发展规划》，积极推进《轻工业调整和振兴规划》的落实工作，继续积极引导粮油加工企业整合资源，加快产业结构调整和整合。以科技创新为支撑，加快产业结构升级，优化产业布局，完善现代粮油加工体系，建立与生产、流通和消费协调发展的长效机制，不断提升行业发展总体水平，增强粮油加工保障供给、服务“三农”能力，提升食用油安全保障能力。提高粮食加工和转化利用率，积极推广新技术、新工艺、新装备，加快淘汰高耗粮、高耗能、高污染的落后生产能力，提高成品粮油出品率和副产品利用率。

四 粮油科技与创新发展

2009年，粮食行业科技工作深入贯彻落实科学发展观，以国家粮食安全和市场需求为导向，

以支撑粮食流通产业可持续发展为重点，坚持“自主创新、重点跨越、支撑发展、引领未来”的科技发展指导方针，以信息化、高技术引领行业技术创新为切入点，通过科技开发和行业发展的紧密结合，开展了生态理论为指导的绿色储粮技术、生物技术为重点的粮食深加工技术、粮食质量快速检测和粮食物流信息等技术的科技创新。新技术引入和应用在粮食行业，对保障国家粮食安全，促进粮食产业化发展起到了重要的支撑作用。粮食科技项目和资金投入明显增长，经济社会效益显著提升，行业科技管理水平明显提高。

（一）十四部门联合下发《农业及粮食科技发展规划（2009～2020年）》

根据《国家粮食安全中长期规划纲要（2009～2020年）》（国发〔2008〕24号）的要求，针对粮食产后流通、加工、储运技术需求，在科技部的统一部署下，国家粮食局对粮食流通产后减损的现状和技术需求进行了梳理，认真研究了粮食储藏、粮食加工、粮食流通及粮食基础高技术研究等问题，以及粮食流通科技创新和下一步需要开展创新研究的领域，编写了重点领域的研究报告。经过认真研究和讨论，起草了粮食产后科技发展报告报科技部，与其他13个部门形成了《关于印发〈农业及粮食科技发展规划（2009～2020年）〉的通知》（国科发农〔2009〕512号）。该规划分析了当前粮食生产流通中存在的问题和急需解决的关键技术，以促进产后增值和食品安全、减少粮油及农产品损失为目标，围绕攻克粮食发展关键技术的战略任务，依托国家科技计划，在产后加工、储运及农用工业发展方面，重点实施食品加工、农产品储藏与保鲜物流关键技术等。

（二）成功举办粮食科技活动周，宣传主食营养健康知识

2009年5月16～22日，国家粮食局组织开展了以“科学消费植物油”为主题的粮食科技活动周，参加了科技部科技周全国主会场活动，并在陕西西安主会场单独进行了粮食科技周宣传活动，同时派员参加了科技部列车下乡行活动，还向吉林省白山革命老区捐献了500套新型农户储粮仓，举办了4场粮食科技讲座。科技周活动受到了广大参与群众的普遍好评。

（三）开展国家重点计划项目研究，加强粮食行业共性技术研究开发

2009年共受理行业科技项目申报53项，当年批复立项15项。

表8-7 2009年度国家粮食局国家科技计划项目

国家科技支撑计划课题	科研院所技术开发专项	农业科技成果转化资金项目	软科学计划项目	合计
5	2	6	2	15

1. 组织“十一五”支撑计划项目“粮食丰产科技工程”（产后）课题和“安全绿色储粮关键技术研究开发与示范”等课题实施

（1）“粮食丰产科技工程（产后）”3个课题。“三大作物产后减损增效关键技术研究与开发”课题，在科技部的指导和国家粮食局的精心组织下，按照计划顺利实施，并且已经取得了显著成绩：研制和筛选出4种新材质并开发出了9种农户诸粮新仓型，开发出了PE/Ag纳米保鲜膜和PE/TiO2纳米保鲜膜。首次规范了农户储粮粮仓的命名和编号，完成了适合我国不同储粮生态区域、不同粮种使用的12种农户储粮仓型标准化图纸设计工作，并被全国农户储粮专项项目确定为指定用图。成功开发了基于触摸屏的“农户储粮专家咨询系统”多媒体查询一体机、掌上“农户储粮专家咨询系统”多媒体查询机以及“农户储粮专项建档信息管理系统”，农村储粮信息化建设取得突破。通过研究制定1项重要技术标准，2项重要建设标准和9项企业标准，不仅填补了我国农户储粮标准的空白，还初步构建了农户储粮技术标准体系。另外，在农户储粮粮仓通风规律和粮食水分转移规律以及农户储粮品质变化规律等基础理论研究方面也取得了阶段性成果。目前，已经在全国三大平原12个省建立农户科学储粮示范基地59个，建立农户科学储粮核心示范户9228户，辐射带动建设82.2万示范户。课题实施以来，以各种形式共培训农户130多万户，发放各类农户储粮科普宣传资料160多万份。课题组克服了5·12汶川大地震以及原材料涨价等不利因素带来的影响，在包括四川的示范推广区域，创新地将课题示范与地方政府社会主义新农村建设结合起来，带动国家、地方政府和农户投资超过8.5亿元；建立农户储粮装具加工生产基地39个，年加工能力达到90.2万套。为拉动国内经济需求和建设“资源节约型、环境友好型”社会作出了积极的贡献。

课题组除了向参加全国粮食科技活动周的27个省（区、市）提供全面的技术支撑外，还免费提供了农户科学储粮科普书籍、VCD视频资料、宣传挂图和储粮药剂，极大地推动了农户科学储粮知识的普及。参加了“科技列车 长白山行”活动并举行了3场系列科学储粮知识讲座，国家粮食局向白山市人民政府赠送了课题组研制的500多套“丰产仓”以及课题组组织编写和拍摄的科普书籍以及VCD视频资料。

“农村储粮防虫、防鼠关键技术研究与示范”课题。在农村储粮专用防护剂1%蛇床子素粉剂对玉米实仓试验研究，显著降低玉米的虫害损失率。完成了1%蛇床子素粉剂农药登记(登记号：L20091396)和山东、河南、河北3省4000户示范试验。继续进行蛇床子素杀虫机理研究，基本明确蛇床子素的作用方式和作用特点，确定了进行蛇床子素的毒理学研究的具体方法和步骤。

伪随机无定向磁场驱鼠灭鼠设备研究，已完成磁场对鼠类神经系统影响的理论研究，创建了有针对性的生物研究实验平台，进行生物(动物)实验。完成可变矢量复合频率电磁场同步复合技术的理论研究，为生物研究与实验提供电磁场发射实验装置，研发一套长时效图像与音频信号数字采集系统。

QS鼠类驱避剂研究与开发，经过在湖南望城农村试验基地长达1年的定期抽样鼠害调查，初步摸清农户储粮鼠害情况，掌握了试验点鼠害发生情况和规律。已开发出一种绿色环保、有效防护期超过10个月的植物性鼠类驱避剂，达到任务书的要求。并在湖南亚华种业股份有限公司生物药厂建成年产200吨的QS鼠类驱避剂中试生产线，形成小批量生产能力。根据QS鼠类驱避剂物理化学特性，结合近三年来QS鼠类驱避剂示范应用的经验，于2009年7月制定《QS鼠类驱避剂应用操作规程》企业标准。

VD3杀鼠剂的研究与开发，已完成室内试验研究，并选择相对鼠密度较高的养殖场、饲料厂、宾馆、粮库、农户等20余个试验点进行现场试验。试验结果显示0.075%及以上浓度的VD3毒饵对褐家鼠灭效达90%以上。在此基础上，VD3原油微囊化工艺研究取得突破。已试制了用于现场试验的300万IU（国际单位）的VD3杀鼠剂原药，完成VD3杀鼠剂制剂生产工艺研究，设备选型、定型。

驱灭鼠药剂、物理驱鼠器在三大平原的12个粮食主产省应用示范，按照任务书规定示范1200户，已按进度安排完成550户，占总任务的45.8%。农村储粮防虫、防鼠技术规程的制定，完成征求意见稿。

“粮食干燥防霉技术和质量控制关键技术创新”课题。小型玉米保质成套设备与生产厂家达成初步产业化协议。该设备具有“低成本、高品质、低运行费用、设备容易拆卸、便于运输、操作灵活、参数可控”等优点，非常适合我国农村地区使用。该产品符合国际上不断提高粮食干燥品质、降低能耗、减少损失，绿色保质保鲜，增加效益的发展趋势。推广和应用该项设备将提高粮食的食用质量，提高粮食自身价值，促进粮食产后减损。

MHXD6小型稻谷烘干机组通过科技成果鉴定，完善并推广了钢网式农用储粮干燥仓，研制了UPVC管或木质材料制作的自然通风道，农民可以自己仿制，利于推广。

（2）“安全绿色储粮关键技术研究开发与示范”七个课题顺利实施。项目主要针对绿色储粮关键技术，以绿色储粮新技术研究开发与研究为主要内容，以粮食行业急需的绿色储藏关键技术为研究重点，积极落实行业科技发展规划，各个课题总体进展正常，完成总工作量的85%左右。

表8-8 “安全绿色储粮关键技术研究开发与示范”项目课题表

序号	课题名称
1	网络化多功能粮情监控集成技术和系统研究开发
2	储粮高效绿色杀虫防霉技术研究开发
3	绿色储粮新技术优化集成示范
4	成品粮储存保鲜技术和设备设施的研究开发
5	现代粮仓建设配套新技术材料研究开发
6	粮食干燥新技术装备研究开发与示范
7	粮食品质快速检测关键技术及仪器研究开发

研究开发了在线及网络化国家粮食储藏数量监测技术和设备，完成了多功能粮情测控软件平台的开发与示范，开发了储粮粮情监测专用传感器，初步建立了储粮粮堆温度变化规律与温度传感器布置模型。

开发了高效生物储粮防护剂－多杀菌素，研制了1～2种具有良好杀虫效果的无机储粮防护剂－食品级纳米惰性粉杀虫剂，并在我国不同生态区域不同仓型建立应用技术示范库16个，研究了主要储粮害虫接受电子束辐照后的效应及影响机理。

针对不同生态地区储粮实际，最终研究确立了北方低温地区、长江流域地区和南方高温高湿地区的低温、准低温和控温绿色储藏技术方案和储粮工艺；继续进行了25℃和30℃条件下的杀虫试验，开展了低氧条件下赤拟谷盗生活史和呼吸速率研究。在实验室对绿色储粮品质敏感指标继续进行了筛选试验，并与试验点的试验数据进行了比较；研究确定了准确检测稻谷水分、霉菌计数、稻谷霉菌感染粒、稻谷发芽粒、毒素含量等检测方法，完成了粳稻稻谷储藏25℃、30℃两个温度梯度，14.05%、14.45%、15.2%、15.5%、16.7%5个水分梯度的研究实验，测定了带菌量、菌相、发芽势、发芽率、脂肪酸值、水分、品尝评分值等指标。

完成了大米低温储藏实验室品质变化规律研究，完成了大米气调和低温储藏的实仓试验，归纳总结了应用情况，完成了1台大米小包装气调包装机样机的研制，开展了3种储藏温度条件下大米的蒸煮品质指标、食味品质和营养品质指标变化研究。完成了小麦粉主要品质变化规律的研究，目前正在开展小麦粉储藏过程中挥发性气体成分的研究。

推出了一种新的仓型——钢结构保温粮仓，该仓型的主要技术属于国际国内首创，修订了企业标准两项。提出了反光涂料、菱镁板架空层、复合菱镁板吊顶三种粮食仓库保温隔热措施项，组织了实仓测试工作。

开发的粮食水分、容重、杂质、重量等质量指标数据的采集传输处理系统主要部件高精度水分测试装置已经完成。

（3）“粮食宏观调控信息保障关键技术研究与应用示范”课题开始实施。各课题按照实施方案认真执行取得了明显进展。宏观信息保障关键技术研究已经完成了部分数据的采集、整理工作，进行了数据安全及管理技术研究，研发了自主知识产权的数据集成平台。基本完成了粮食价格调控及预测模型、粮食供给调度模型、粮食供需平衡模型、粮食宏观调控对粮食市场价格影响力分析模型4个模型的研究，并进行了有效性的试验。完成了应急体系研究和应急预案研究的部分内容研究、基本完成了GIS技术在粮食应急处理中的应用研究。完成了应急信息系统应用支撑平台集成研究与建设。

非接触式粮仓储粮数量快速检测技术研究进行了前期调研与讨论、粮仓测量实验、各探测技术的方法研究、移动测量平台设计、粮食介电常数与密度关系及测量方法研究、其他非接触检测技术研究等工作。

针对粮食检测速度慢、检测精度低的问题，开发了以CCD技术结合FPGA技术，设计出了用于粮食籽粒流中杂质籽粒识别的高速图像处理系统；完成了小麦并肩杂和不完善粒的检测工作；测定了小麦样品的水分、硬度等品质指标；进行了冲击式小麦硬度检测法关键参数的分析与研究。建立了基于高光谱图像技术的粮食光谱特性检测系统；对原有粮食收购一体机进行了自动化、快速化、精确化和小型车载化的优化设计，改进、完善了检测小麦籽粒声信号采集装置；整精米率快速检测系统核心设备即集高速图像扫描、图像处理、分选驱动于一体的嵌入式光电检控器已经完成，并研制了整机控制系统和高亮度光源。开发出了小麦、玉米水分、容重快速检测设备和小麦、玉米大杂、小杂快速检测设备的样机；小麦、玉米并肩杂、不完善粒快速检测设备的样机；小麦、玉米收购质量快速检测样机；整精米率检测仪第2轮样机已制作完成。

（4）“粮库物流装备、粮食运输技术研究及产业化示范”课题。一是完成了散粮专用汽车两种车厢、散粮汽车专用接卸装置、集装箱汽车卸车装置的设计。二是分析现有粮食转运技术状况；调查研究影响散粮在途质量的有关因素，按粮食品种和区域的不同，分析筛选出主要影响因素。三是对散粮运输高效模式进行研究；开展了散粮专用无托辊移动输送装置、高效移动粮食清理筛、移动式高效气力输送机、固定式螺旋出仓装置的设计。

2.农业科技成果转化工作

国家粮食局组织的“醇法菜籽浓缩蛋白脱毒技术中试”等6个农业科技成果转化资金项目批复立项。

表8-9　2009年农业科技成果转化资金项目表

序号	项目类别	项目名称
1	农业科技成果转化资金项目	醇法菜籽浓缩蛋白脱毒技术中试
2	农业科技成果转化资金项目	智能化稻谷品质综合检测仪
3	农业科技成果转化资金项目	饲用屎肠球菌的发酵前包被生产技术中试
4	农业科技成果转化资金项目	半干法新型玉米脱胚机
5	农业科技成果转化资金项目	储粮害虫磷化氢抗性测定仪中试及应用示范
6	农业科技成果转化资金项目	葵花子真空保质干燥新技术中试与示范

3.院所技术开发专项资金项目

（1）1000t/d脱臭系统关键技术与装备研究及国产化项目的提出，主要针对我国食用植物油精炼加工的现状，对大型精炼生产线中脱臭系统国产化关键技术与装备的开发，主要研究1000t/d脱臭、脂肪酸捕集、节能减排、智能化控制等技术，探索大型精炼生产线中脱臭时间、温度对油品品质影响因素；提高脂肪酸捕集效果；实现蒸气、回水等能源的综合利用技术等。最终实现1000t/d脱臭系统关键技术与装备的国产化。

（2）谷物真空快速水分调节新技术开发与示范项目采用真空快速水分调节新技术，研发谷物真空快速水分调节装置。重点研究真空快速水分调节新技术、新工艺，解决传统水分调节周期长、质量不稳定、效率低、成本高等问题，保证谷物水分调节过程“品质、节能、环保”的三控目标。建立生产线进行示范。

4.软科学项目立项

（1）促进我国粮食流通产业现代化的技术政策研究。该项目通过认真研究粮食商业、仓储、加工、物流业等产业领域，梳理我国粮食流通产业发展的技术因素，对我国粮食流通技术发展现状的实证分析，发现制约我国粮食流通技术进步的因素，并进行深入客观的分析，最终形成促进我国粮食流通产业现代化的技术政策建议。

（2）应用生物技术提升我国粮食储藏安全水平的对策研究。该项目认真分析国内外在粮食储藏过程中对生物技术的应用现状及其存在的问题，通过全面分析国内外文献资料，进行新兴生物技术手段在粮食储藏安全中应用的可能性分析，总结现有生物技术在粮食储藏安全中的应用现状，提出应用生物技术提升我国粮食储藏安全水平的发展战略，提出政府优先资助、扶持的研究项目及应用推广项目。

5.推动高技术产业化

（1）在粮食物流领域中引入RFID技术。基于RFID的区域粮食流通管理试点应用项目综合应用多种RFID技术，结合创新、高效的粮食现代物流模式，以农户结算卡等为依托，自动、及时、准确地采集粮食收购、仓储、物流、生产等流通环节的数据，系统地解决全社会粮食流通统计的难题，为国家粮食清仓查库、粮食宏观调控提供准确依据，保证国家粮食安全；同时为财政、国税、农发行等其他部门提供准确涉粮数据，全面、协调、可持续地解决粮食行业流通收购领域的难题。目前，农户结算卡系统在常州市建设、示范，取得了良好的示范效果。在江苏省已开展储藏环节的粮食物流示范建设，建设粮库信息集成系统，及时准确采集粮食出入库、日常保管的信息，并且与粮库管理系统集成，实现粮库业务、财务、税务的集成。粮库信息集成系统在常州现代粮食物流中心、无锡粮食科技物流中心等粮库建设。在粮食物流环节，建设区域粮食物流公共信息平台，通过车载终端、RFID电子标签等获得运粮车船的在途信息，实现粮食运输的监管和调度，并且在粮食流通相关企业之间共享信息，减少车船空返率，提高粮食运输效率。通过应用信息化示范，逐步形成粮食流通RFID及其他信息系统应用行业标准，促进粮食流通信息化建设。

（2）注重高技术产业化生物制造。通过应用微生物发酵技术生产生物酶制剂，将酶制剂作为一种绿色生物饲料添加剂，包括淀粉酶、纤维素酶、半纤维素酶、β－甘露聚糖酶、植酸酶以及2种以上酶类组成的复合酶等，分解饲料中的某种抗营养因子，增强一种或多种营养物质的吸收，提高饲料的利用率和动物生产性能，同时减轻畜禽养殖业对环境的污染，提高牲畜机体免疫力，维持肠道正常微生物菌群，达到防病治病的目的，逐步减少抗生素的使用，逐步解决抗生素滥用的现状。

（四）“十五”国家科技计划项目完成验收，取得一批科技成果

1.农业科技成果转化资金项目

国家粮食局组织实施了7个2006年度农业科技成果转化资金项目，经过2年的开发转化，各项目均完成了《合同书》中规定的转化任务，各

项技术指标达到了预计要求，并取得了良好的社会经济效益，引导了粮食行业科技成果为产业服务，促进了成果向市场化过渡，提高了科技成果转化率，经科技部确认，7个项目全部通过验收。

表8-10 经科技部确认通过验收的2006年农业科技成果转化资金项目汇总表

序号	项目名称	承担单位
1	电子式拉伸仪转化	国家粮食局科学研究院
2	油脂氧化稳定性测定仪转化中试	国家粮食局科学研究院
3	粮油质量安全系列标准物质的制备生产线	国家粮食局科学研究院
4	植物油精制智能化装备的转化	国家粮食储备局无锡科学研究设计院
5	改性大米蛋白工程化技术中试	国家粮食储备局武汉科学研究设计院
6	醇法浓缩蛋白生产及改性技术的转化	国家粮食储备局西安油脂科学研究设计院
7	谷物脂肪酸值测定仪的中试生产	国家粮食储备局成都粮食储藏科学研究所

2.院所技术开发资金专项

粮食柔性集装单元化储运技术开发项目。现开发了粮食柔性集装单元化储运流通配套装置，提出了粮食柔性集装单元化储运成套应用工艺技术，包括柔性集装单元装粮、码垛、装车、卸车和卸粮等储运粮食的成套应用工艺技术。为我国粮食流通提供了一种新型集装单元化储运模式，有助于解决粮食跨省铁路运输瓶颈制约，为我国规划建设产销区之间的高效粮食物流通道提供了技术支持。

3.仪器省级改造专项

连续光谱固定光栅分析仪新功能开发项目。该项目利用连续光谱固定光栅分析仪开发了近红外方法检测油脂酸价、过氧化值、碘值等快速检测方法。该方法已经达到了实际应用的水平，取得了良好的社会、经济效益。

4.科技成果登记管理

2009年度，国家粮食局共登记科技成果5项。同时按照属地化统计原则，国家粮食局组织所属承担国家科技计划课题单位，开展了课题实施统计工作。

表8-11 2009年国家粮食局科技成果登记表

序号	项目名称	承担单位
1	食用油脂质量安全保障研究	国家粮食局科学研究院
2	连续光谱固定光栅分析仪新功能开发	国家粮食局科学研究院
3	粮食柔性集装单元化储运技术	国家粮食储备局郑州科学研究设计院
4	谷物脂肪酸值测定仪的中试生产	国家粮食储备局成都粮食储藏科学研究所
5	粮食中麦角甾醇的测定——正相液相色谱法	国家粮食储备局成都粮食储藏科学研究所

5. 高技术产业专项项目验收

国家发展改革委批准建设的高技术产业化项目江西武冠茶油深加工及茶粕综合利用项目、鞍山市第五粮库30万吨大米及副产品深加工项目已建设完成并顺利通过专家验收，取得了较好的经济和社会效益，有力地带动了相关产业的发展，示范作用明显。

6. 邹平怡康无水葡萄糖项目通过验收

国家发展改革委批复的高技术产业化专项邹平怡康无水葡萄糖项目（建设内容：1.5万吨/年无水葡萄糖、6万吨/年玉米淀粉），已建设完成，2009年顺利通过专家验收。项目充分利用本地玉米资源，就地转化增值对促进产区地方经济的发展起着重要的作用。项目投产后，可直接解决400～500人的就业安排，还可以带动周边地区种植及饲养业的发展。

（五）粮食科技信息交流、粮油科技奖励促进粮食科技进步

1. 粮食科技期刊

2009年，粮食行业科技期刊共计发行27万册，为粮食行业新技术的推广和促进科技进步发挥了积极作用。

2. 粮油科技奖励

2009年，经过行业专家评审委员会审议评选，产生2009年度中国粮油学会科学技术奖获奖项目31项，其中特等奖1项、一等奖6项、二等奖7项、三等奖17项。通过科技评奖进一步调动了行业科技创新意识，促进了粮食行业的科技进步。

表8-12　2009年度中国粮油学会科学技术奖获奖项目

序号	项目名称
	特等奖
1	国家粮食储备新技术研究开发与集成创新
	一等奖
1	大豆磷脂系列产品工业化技术
2	高效节能与清洁安全小麦加工新技术研究与应用
3	嗜热真菌耐热木聚糖酶的研究与应用
4	紫苏资源综合高效利用新技术
5	金龙鱼大米产业链创新技术
6	抗冻生物发酵剂及起酥剂研究与应用关键技术
	二等奖
1	横宽型振动筛锤片粉碎机
2	稻米深加工及资源开发的技术研究与产业化
3	高品质大豆磷脂深加工关键技术及产业化开发
4	适合于中国传统面制食品的小麦加工新技术研究
5	10000吨/年醇法大豆浓缩蛋白工业化生产技术研究
6	20吨/日米糠膨化保鲜技术及关键装备
7	生物技术生产富含γ-氨基丁酸稻米健康食品的研究与产业化开发

续表

序号	项目名称
三等奖	
1	禽饲料专用酶制剂的研究与开发
2	米乳和米糠营养素、米糠营养纤维产业化
3	300t/d玉米油精炼技术
4	麦品及添加剂对面包专用粉品质影响的研究
5	中式营养配餐的研制及产业化开发
6	乌鳢鱼高效生态饲料的研制与产业化
7	《储粮化学药剂管理和使用规范》标准研究与制定
8	猪油连续精炼工艺技术的研究与开发
9	彩色小麦优化与特色营养食品的研究与开发
10	粮食感官检验辅助图谱及照明国家标准
11	稻谷加工业HACCP管理体系
12	乳制品蛋白质强化专用大豆蛋白制备
13	SPHS218湿法膨化机
14	F55果葡糖浆制取工艺技术研究与开发
15	油脂加工危害食用安全因素监控及对策研究
16	黑龙江省大宗农产品供应链管理研究
17	MY90x2型双螺杆婴儿米粉膨化机

五 粮食系统人才队伍现状分析

(一)粮食系统人才队伍现状

据统计，截至2009年末，全国粮食系统职工总人数为714275人（此统计为全国粮食系统的机关、事业单位和国有及国有控股企业的职工统计数，不含其他所有制企业职工数），与上年相比变化较小，人才总量趋于稳定。

从人才结构来看，在548187名长期职工中，公务员38917人，企事业管理人员105561人，专业技术人员80101人（其中高级专业技术人才2971人，占专业技术人才总数的3.7%），工人323608人（其中技术工人101983人，占工人总数的31.5%），与上年相比技术工人人数增加了5.3%，技能人才队伍日益壮大起来。此外，粮食系统还有临时职工20211人，离职保留劳动关系的职工145877人。

从学历结构来看，研究生3743人，大学本科48510人，大学专科127683人，中专126990人，高中232991人，初中及以下174358人。职工学历层次进一步提高，大专以上学历人员比上年增加了8.6%。其中行政管理部门人员学历层次高于事业单位，事业单位人员学历高于企业。

从年龄结构来看，35岁及以下167699人，36～45岁278282人，46～54岁207389人，55岁及以上60905人。年轻职工人数相对较少，没有形成均匀的阶梯式分布。

从教育培训情况来看，2009年度全国各级粮食系统积极开展教育培训工作，认真落实中央大规模培训干部的战略任务，在岗职工参加学历教育、各类政治理论和业务培训共260894人次，参训率达36.5%，比上年提高了7.3个百分点。其中，国家粮食局近年来组织的粮食行业特有职业（工种）技能鉴定工作，带动了工人培训的发展，工人参训率达52.35%，比上年增加9.1个百分点，仅2009年工人参加职业技能培训就达55315人次，比上年增加4%。

(二)存在的主要问题及原因分析

1.人才素质总体偏低

一是职工学历层次较低；二是专业技术人才和技能人才所占比例较小，特别是高级专业技术人才和高技能人才比较匮乏，远远不能适应现代粮食事业发展需要。其原因主要有：

（1）人才需求断档。现有职工人员年龄主要集中在36～54岁，占职工总数的68%，现有职工中专、高中及以下学历占74%。由于粮食流通体制改革初期，各地采取按职工年龄段分流的做法减员增效，年长的职工提前离岗，年轻的职工流向社会，在一定时期内企业人员不进不出，空余岗位也十分有限，短期内很难通过增加“新鲜血液”来提高职工学历层次。

（2）高层次人才和高技能人才引进难。由于粮食企业资金规模和技术水平有限，工作环境相对较差，高级专业技术人才和高技能人才引进比较困难，经常出现用人单位看中了的优秀人才不愿意到粮食企业工作的情况。

（3）不少企业职工学历、职称、技术等级和职业技能等级与工资待遇不挂钩，影响职工参加进修学习和晋升职称、职业资格的积极性。

2.人才队伍不稳定

人才流失比较普遍，系统内部人才分布不均衡，基层粮食技术、技能人才严重匮乏。其原因主要有：

（1）由于管理观念落后，现有粮食经营企业大多对人才队伍建设重视不够、投入不足，没有一套完整有效的人才引进、培养及使用的管理制度和长远规划，在分配制度上也缺乏相应的倾斜政策，人才的潜能得不到充分发挥，极易造成人才流失。

（2）受传统观念的影响，优秀的管理人才、专业技术人才和技能人才更愿意到环境较好、工资待遇相对较高的大城市，或者社会地位较高、工作较稳定的机关、事业单位发展。加之，一些地方条件比较好的粮库多数被中央企业上收，保留下来的基层粮食企业条件相对较差、实力较弱，缺乏人才引进的竞争力，导致基层一线技术力量不足。

3.教育培训发展不均衡，培训力度不够

一是人才教育培训发展不平衡，机关好于事业单位，事业单位好于企业，基层一线职工教育培训工作仍很薄弱；二是培训模式相对单一，缺乏规范性和系统性，面向基层和一线的培训活动较少，不能有效地形成培训的长效机制；三是培

训内容针对性不够强，人才知识结构老化，知识更新缓慢，不能满足人才企业和职工的需要；四是培训渠道不畅通，培训基地建设不够。其主要原因有：

（1）相当多的企业对职工培训重视不够。一是企业经济效益不好，资金短缺，培训投入不足；二是没有形成良好的人才培训机制；三是企业管理不规范，没有建立或严格坚持岗位培训和持证上岗制度。

（2）培训动力不足。一是有些企业规定参加学习培训的费用由职工个人支付，影响职工参加培训；二是有些企业改制后，人员少，工作任务较重，抽不出时间和精力参加培训；三是培训师资力量不足、层次不高。

（3）由于多种原因，全国粮食系统原有的粮食学校及粮食培训机构多数被撤并、划转，现存的粮食学校也已将主要培养研究方向放在其他市场需求热门的专业上，粮食专业的教育培训任务大幅减少。

值得关注的是，近年来随着粮食行业特有职业（工种）技能鉴定工作的开展，职业技能培训工作得到了各级粮食部门和粮食企业的重视，工人参加技能培训的比例呈现逐年提高的态势。

(三)加强人才队伍建设的措施

1.加强政策引导，稳定专业技术人才和技能人才队伍

针对粮食系统人才流失和分布不均现象，引导企业采取积极有效措施，建立良好的人才培养和激励机制，解决他们的后顾之忧，留住技术骨干，鼓励人才钻研技术，提高本领，为粮食事业发展多作贡献。同时，积极争取地方政府的支持，加大对企业项目和经费的扶持力度，创造有利条件，鼓励技术人才、技能人才向基层、一线流动，形成人尽其才的良好氛围。

2.加强各类人才引进和培养，全面提高人才队伍素质

针对人才素质相对较低、专业技术人才和技能人才紧缺的情况，要加强加大人才引进的力度，鼓励企业在选人用人上向高级专业技术人才、高技能人才以及复合型的管理人才倾斜，吸引一批有识之士投身粮食事业。要抓好现有人才选拔、培养工作。一要做好“十二五”人才教育培训规划，有效实施人才计划；二要重视各类人才的培训，加大培训力度，加大培训经费投入，加强培训基础建设，对不同类型的人才进行有针对性的培训；三要通过抓好政府特殊津贴、百千万人才工程、青年科技奖、各级技术能手评选等工作以及举办职业技能大赛等活动，选拔培养一批优秀的拔尖人才，为粮食流通发展提供智力支持和人才保障。

3.大力发展职业技能培训鉴定工作，推行职业资格准入

针对技能人才较为薄弱的情况，加大国家职业技能鉴定和培训的宣传力度，鼓励参加职业技能鉴定。依托各级粮食职业技能培训基地，面向全行业有计划分期分批地组织开展职业技能培训，全面推进就业准入和职业资格证书制度，提高一线技术工人的比例。各级粮食部门和用人单位要加大教育培训投入力度，完善技能人才培训、考核、使用与待遇相结合的激励机制，调动职工学习的积极性，全面提高职工职业技能水

平。同时针对现有的职业技能培训中存在参训人员一旦拿到资格证书，一般不再继续参加教育培训的情况，设想在资格证书的基础上实行注册制度，即以培训学分注册的形式强化职工教育培训的延续性，以适应粮食流通体制改革和购销市场化的发展需要。

4.发挥政府职能，搭建人才培育平台

一是加强与粮食科研院所合作与交流，依托院所的科研力量在粮食的精深加工及产业链的延伸方面下工夫、做文章，力求从根本上改变现有企业小、散、弱的特点。二是积极为高校与企业搭建沟通桥梁，鼓励粮食院校恢复或建立粮食仓储保管、检验、流通、经营管理等有关粮食专业，满足现有粮食行业发展需要，鼓励企业依托高校，建立起长期的人才教育培养网络，做到互通信息，既为学校专业的确定和培养方向提供决策基础，又为企业发展提供后备力量。三是推进企业的自主培训，强化岗位技能训练的针对性和时效性；鼓励借助网络，增加学习互动，促进学习的自觉性，营造积极向上的学习氛围；推动系统内部人员的轮岗交流，积极为企事业单位的优秀骨干搭建进修和交流的平台。

六　国际交流与合作

2009年，国家粮食局围绕粮食行业的中心工作，积极开展国际交流与合作。全年共接待国外来访代表团20多个，来访外宾200多人次。举办国际研讨会4个，签订双边合作协议2个。

(一)认真安排接待国外来访团组

2009年，来国家粮食局访问的外国政府和企业粮农代表团比上年有所增加。国家粮食局领导分别会见和接待了巴基斯坦总理特别顾问、匈牙利农业国务秘书、乌克兰农业部副部长、美国农业部副部长帮办、美国农业部世界农业展望局局长、美国海外服务局副局长、美国内布拉斯加州农业部长、阿根廷布宜诺斯艾利斯省农业局长、阿根廷驻华大使、联合国粮农组织驻华代表、亚太食品流通联合会秘书长等政府和国际组织高级代表团以及澳大利亚小麦局总裁、加拿大小麦局总裁、法国路易达孚集团首席执行官、日本佐竹公司常务副社长、法国粮食出口协会主席、美国嘉吉公司谷物油料部总经理等率领的农粮企业高级代表团，向他们介绍了我国粮食生产、消费、贸易、储藏和质量检测等情况，以及深化粮食流通体制改革的情况，并回答了他们所关心的问题，使外国来宾对我国的粮食供需和市场情况有了正确的了解，还与外国来宾探讨了今后进一步加强在粮食领域交流与合作的方式和途径。通过接待国外来访团组，进一步加强了国家粮食局与国外粮食主管部门、协会和企业的交流与合作。

（二）积极借鉴国外粮食科学技术和管理经验

为了提高我国粮食储藏、加工、标准质量、行业职业教育等科技水平，借鉴国外粮食管理的先进经验，2009年国家粮食局帮助下属粮食科学院、标准质量中心，以及中粮科研院向国家外专局申请到引进国外智力项目7项，合计聘请国外专家24人，资助项目经费45万元。国家粮食局在实施引进国外智力工作中，严格按照国家外专局的有关规定，高度重视、精心组织，切实做好这些引智项目的实施工作，注意发挥引进国外专家的作用，取得了较好的效果。

国家粮食局标准质量中心的“稻米潜在出米率测定国际标准的研制”项目，邀请日本北海道大学农产品加工工程实验室和日本佐竹株式会社的专家来华，就稻米潜在出米率测定国际标准研制工作进行指导，日本专家介绍了日本稻谷加工品质评定和提高稻米潜在出米率的经验及质量控制方法，并解答了我国技术人员所关心的问题，为解决我国稻米潜在出米率测定问题提供了有益的启示。

标准质量中心的“小麦国际标准研制”项目，邀请美国化学家协会技术总监和美国农业部谷物检验检疫局的专家来华就小麦国际标准研制进行交流指导。两位美国专家着重介绍了在小麦国际标准制定中关键因素——扦样，以及美国近红外分析技术评价小麦等内容。通过与外国专家的深入交流，为解决我国小麦国际标准研制的问题提供了有价值的参考。

国家粮食局粮科院的“全谷物营养与加工”项目，邀请了美国康奈尔大学食品科学系、美国加州大学戴维斯食品科学与技术系的教授和加拿大阿尔伯塔大学的专家来华指导科研工作。5位国外专家在华期间，对粮科院相关科研人员进行了全谷物食品的加工与利用、粮油加工与营养研究的试验设计和数据分析方法的培训，并到粮科院小汤山实验基地和粮科院实验室与相关科研人员直接交流，指导技术人员的具体研究工作。通过国外专家指导和交流，使科研人员全面地了解了美国、加拿大等西方国家在全谷物食品营养与加工研究的现状及技术，对今后我国深入地开展全谷物食品营养与加工的理论研究和实践工作具有较好的借鉴意义。

粮科院的“储粮害虫的生物防控技术研究”项目，邀请了美国俄克拉荷马州立大学、美国农业部粮食营销与生产研究中心及加拿大蒙尼托巴大学的专家来华就储粮害虫的生物防控技术研究进行指导。3位外国专家在华期间，参观了科研院实验室及小汤山实验基地，分别在相关实验室与科研人员进行直接交流和具体指导，并且就储粮害虫的生物防控技术的研究、昆虫信息素研究、昆虫生长调剂类似物的研究与利用、粮食产后抗虫性的研究等方面作了多个专题报告和进行研讨。国外专家所介绍的国外在储粮害虫生物防控领域的大量信息，为粮科院所承担的科技部的“食品级惰性粉杀虫剂的开发”课题提供了借鉴和帮助。

国家粮食局帮助中粮科研院申请的“植物组织蛋白仿肉制品加工技术”项目，邀请了美国云吞公司、美国达尔它设计公司和日本不二富吉株式会社的专家，分别到中粮科研院就植物组织蛋白仿肉制品加工技术及相关食品检测技术开展技术交流。外国专家还通过“新产品开发过程管理”专题研讨，介绍了科技创新的经验和体会，客户驱动的产品开发，知识产权、项目规划、执行、可评估管理在食品检测中的应用等内容。通过交流，我国的专家们学到了国外食品项目管理中最新流行的程序与螺旋生命周期模型，这对进一步推动我国企业生产科技创新有着重要指导意义。

中粮科学研究院的“纤维素燃料乙醇中试工艺优化和产业化示范”项目，邀请了美国普渡大学化学工程学院、华盛顿州立大学生物科学与工程实验室的专家来华，就纤维素燃料乙醇中试工艺优化和产业化示范项目进行指导交流。纤维素乙醇也称第二代生物液体燃料，是利用先进技术从包括玉米秸秆、干草、木材等农林业废弃物中获取燃料乙醇。中粮集团作为国内最大的燃料乙醇生产商，积极开发纤维素乙醇产业化技术。外国专家们对中粮科研院承担的研发课题进行了具体指导，提出了解决技术难点问题的方法，推动了研发课题的进展。在中粮集团举办的“国际纤维素乙醇技术‘瓶颈’与解决方案研讨会”上，外国专家们分别作了专题报告。这些前沿性的技术对于进一步优化改进中粮纤维素乙醇中试工艺，实现技术突破提供了新的思路和方案，具有重要的参考价值。

中粮科研院的“低热量油脂研发”项目，邀请了英国伦敦都市大学脑化学和人类营养研究所和丹麦奥胡斯大学的专家来华进行科研指导，并参加了中粮科研院举办“油脂与健康高级论坛”，作了题为“科学摄取油脂与增进身体健康”的报告，介绍国外在油脂营养方面的最新研究成果。通过专家的来华指导，为中粮科研院的低热量油脂研发项目启发了思路。

通过这些引智项目的执行，项目单位与国外粮油科研机构建立起了良好的合作关系，及时了解和掌握国外最新的粮油科技成果与动态，根据国内需要，有针对性地引进国外专家来华指导或合作研究，有效地解决了当前我国粮油产业和科研中面临的问题，有力地促进了粮油科技的进步。

(三)促进粮食行业的对外交流与合作

2009年，国家粮食局将外事工作的重点放在促进粮食科技对外交流与合作方面，取得了明显的成效。为落实党的十七届三中全会提出的“加强粮食领域国际交流合作，为改善全球粮食供给作出贡献”有关精神，经国家发展改革委和外交部批准，国家粮食局与美国内布拉斯加州政府在北京举行了《合作协议》签字仪式。作为落实《合作协议》的重要内容，美国齐富工业公司与国家粮食局科学研究院所属的国贸工程设计院随后也签订了《粮食仓储物流建设科技合作框架协议》。两个《协议》的签订，标志着中美双方在粮食科技合作方面进入了新阶段。双方都希望在平等互利的基础上，加强粮食仓储、物流、加工、科技、信息等方面的交流与合作。国家粮食局外事司、法规司与联合国粮农组织及亚太地区食品流通机构联合会共同在郑州主办了“批发市场建设和管理国际研讨会”。来自13个国家的21位外国代表和22个省（市、区）的80多位国内代表参加了研讨会。与会代表就粮食批发市场的建设和管理进行了交流及研讨，许多国内外代表学到了一些批发市场建设与管理的先进理念和经验，对研讨会的组织、安排、内容和成果给予充分的肯定及赞扬。国家粮食局有关司与日本佐竹公司合作，在江苏省苏州市成功举办了“中日稻米储藏流通加工新技术研讨会”，有100多家单位共170多名有关省市粮食局和大米加工企业的代表参加了研讨会。会上，部分稻米加工企业还展示稻米储藏、流通、深加工新产品、稻米检测新仪器成果及新技术。研讨会对进一步推动国内稻米储藏、流通和深加工业发展以及中日双方科技合作交流有积极促进作用。国家粮食局发展交流中心为推进与中亚国家粮油企业合作，邀请吉尔吉斯斯坦和乌兹别克斯坦实业家委员会主席及相关企业代表到国内一些粮机生产企业参观考察；还组织国内有关粮机生产企业赴中亚地区国家考察和洽谈。国家粮食局还及时地完成外交部交办的对有关国际会议文件提出修改意见的任务，得到外交部国际司来函感谢和赞扬。

(四)认真组织好出国考察及培训

为了深化我国的粮食流通体制改革，借鉴国外在粮食管理、流通、储存、加工等方面的经验和技术，2009年国家粮食局领导率团赴波兰、罗马尼亚和乌克兰考察粮食流通体制和粮食管理政策，以及粮食储藏、检测和加工等情况，并取得了较好的考察成果。国家粮食局领导还随国务院领导出席了在意大利罗马举行的世界粮食首脑会议，宣传了我国在粮食领域取得的成就，提出了减少世界饥饿人口的主张和建议，为保障世界粮食安全，加强了与世界各国在粮食领域的合作。

2009年国家外专局共批准国家粮食局出国培训项目4个，其中审批类培训3项，审核类培训1项，培训内容涉及美国和澳大利亚的粮食流通体系、粮食标准和质量控制、粮食市场信息和粮食深加工等。如调控司组织的赴澳大利亚“粮食宏观调控与粮食安全培训”、标准质量中心组织的赴美国“粮食质量标准与检验技术培训”、粮油信息中心组织的赴美国“粮食市场信息与交易体系培训”等。通过培训，使地方粮食管理部门和企业的管理技术人员，了解了国外的先进技术和经验，开阔了眼界，增长了知识，为提高粮食管理与储粮技术水平起到了积极的促进作用。

国家粮食局还选派一些管理或科技人员出国参加有关粮食的国际会议，如派人参加亚太食品流通联合会在泰国举办的“亚洲稻谷政策和食物安全研讨会”、国际真菌毒素学会在奥地利举办的“国际真菌毒素大会”、在法国举办的“国际标准化组织食品技术委员会第三次会议”、在土耳其举办的“欧盟食品安全科技合作项目年度工作会议”等，参会人员在会上介绍了我国的粮食生产、流通、储藏、质检、科技等情况，阐明了对世界粮食有关问题的看法和建议，扩大了我国在国际粮食领域的影响。

七　会展业发展

(一)粮食行业会展业概况

据统计，2009年全国举办的粮食综合性、专业性的展览会、交易会和公益性展览共7个，展览总面积共计约27000平方米，展位总数970个，参加展示、交易的企业总数2121个，参观总人次59200人次。粮油交易总量达1918.46万吨，机械设备交易总量381台套，总金额3219.95万元。粮食行业会展活动已逐步成为衔接产销、促进贸易、交流信息、宣传品牌、引导消费的平台。

(二)粮食行业会展发展主要特点

1.全国性品牌展会规模稳定，地方性交易会规模有所扩大

据统计，2009年举办的7个粮食会展中，规模在3000平方米以上的是第九届中国国际粮油产品及设备技术展览会暨新中国成立60周年全国粮食行业成就展，展览面积20000平方米，规模与上届持平，全国性品牌展会的优势稳定；规模在2000平方米以下的有6个，分别是2009德州全国粮油食品展销会、2009中国优质稻米交易会暨夏季稻米形势分析会、第五届七省粮食产销协作福建洽谈会、2009黑龙江金秋粮食交易合作洽谈会、全国爱粮节粮成果交流展览会、第十一届湖北粮油食品展示交易会。此类地方性的交易会、展销会规模略有扩大。

2.交易合作洽谈会逐步成为粮食主产区促进产销衔接良好形式

据统计，2009年粮食主产区举办的产销衔接性质的交易合作洽谈会有3个，分别是2009中国优质稻米交易会暨夏季稻米形势分析会（南昌）、2009黑龙江金秋粮食交易合作洽谈会和第十一届湖北粮油食品展示交易会，其中黑龙江已举办4届、湖北已举办11届，均为促进产区粮食顺畅流通、保障销区市场供应起到了积极作用，并逐步形成品牌。

3.展会国际化、市场化程度有所提高

据统计，2009年举办的全国性的粮食会展中，国外企业参展净面积为508平方米，外商参观人数也有显著增加，展会综合服务市场化程度有所提高。组展方式方面，全国性的粮食会展以行政发文与市场化自主招展手段并重，地方性展会、交易会均以地方行业主管部门组织为主。随着展会组展市场化程度的提高对专业观众的组织提出了要求，全国性的粮食会展越来越重视专业观众的邀请、专业观众数据信息规范化处理和会后分析工作，并建立了专业观众信息数据库。展前、展中、展后对参展商和观众各方面的服务质量均有所提高。

(三)粮食行业会展业的发展趋势

首先，粮食是一种特殊商品，有粮食行业特色的会展业，将在充分发挥行业主渠道作用的前提下，推动会展服务市场化为趋势，走向更加专业化、贸易化、国际化的方向，逐步成为沟通产

销、促进贸易的重要形式，成为企业了解行业发展信息，开拓国内外市场，展示形象、推广产品的重要手段。

其次，在品牌展会的带动下，粮食会展规模的扩大将日趋理性，加强专业观众邀请工作，提高参展企业的综合收益率，提高展会综合服务水平是粮食会展业健康发展的有效途径。

通过努力，交易合作洽谈会将成为粮食主产区促进产区粮食顺畅流通、保障销区市场供应、沟通产销的良好会展形式。

八 爱粮节粮宣传活动

(一)2009年爱粮节粮宣传活动概况

2009年，为进一步巩固国家粮食安全基础，减少粮食产后损失浪费，提高粮食资源的利用效率，国家进一步加大了节粮工作的组织实施力度。全国爱粮节粮宣传作为整个节粮工作的重要组成部分，年内各地组织了多种形式的宣传纪念活动，取得了良好的宣传效果。特别是第19届“全国爱惜粮食节约粮食宣传周”等重要活动，都产生了较大的社会影响。

2009年爱粮节粮宣传工作呈现以下几个方面的特点：

1.国家、省、市、县四级联动宣传机制初步形成

2009年爱粮节粮宣传活动依然采用主会场、分会场同时组织的形式，在南京借助“新中国成立60周年全国粮食行业成就展”和“第九届中国国际粮油产品及设备技术展览会”的平台组织了爱粮节粮公益展览；宣传周期间，部分省、市、县粮食部门自觉组织了各种形式的宣传纪念活动，各级粮食行政管理部门、涉粮企业、超市卖场、粮食经营户、粮油消费者对活动参与积极性明显提高；报纸、网络、杂志等媒体对爱粮节粮宣传活动进行了大量的宣传报道。宣传活动对基层、对民众的影响力进一步得到了增强。

2.宣传内容更加充实、形式更加灵活

在宣传内容方面，2009年的宣传活动与“新中国成立60周年全国粮食行业成就展”有机结合，再现了从粮食紧缺年代凭票凭证定量定点供应粮油，到新世纪后从建设资源节约型、环境友好型社会的战略高度重视节粮工作历史发展过程，重点介绍了粮食储存、物流、加工、消费等各环节的具体浪费数字，展出了水稻循环经济、新型农户储粮装具、现代粮食物流枢纽等行业取得的最新节粮成果；在宣传形式方面也更加灵活多样，除南京的爱粮节粮公益展览外，各地还通过在大型公共场所张贴宣传标语，悬挂宣传横幅，张贴宣传画，组织座谈、咨询，编发宣传资料等形式宣传节粮理念、节粮技术。

3.活动更加强调群众参与

南京主会场的爱粮节粮公益展览为期3天，

吸引了大约5万名业内人士及当地群众到场参观，许多观众在参观完展览后表示，想不到在粮食流通各个环节还存在这么严重的浪费现象，今后一定会从自身做起，发动家人、朋友一起参与节粮宣传，做爱粮节粮工作的志愿者和宣传员。各地宣传活动覆盖部分粮油企业、超市卖场、粮食经营户和粮油消费者等机构和人群。

（二）爱粮节粮宣传活动面临的主要问题与今后工作方向

经过多年努力，“全国爱粮节粮宣传周”等活动已经具有了一定的知名度，产生了一定的社会影响。但从整体来看，宣传工作仍然主要集中在“全国爱粮节粮宣传周”期间，应景式的宣传较多，系统的、长久的宣传仍然较少；社会各界对节粮工作的重视程度还远远不够，对节粮标准、节粮设备、节粮技术、节粮习惯的宣传也远没有达到普及的程度；粮食生产、仓储、运输、加工、消费各个环节存有的巨大节约潜力远没有挖掘出来。

当前，粮食安全、粮食浪费问题已成为社会各界普遍关心的一个重要问题。2010年1月国务院办公厅专门下发了文件，要求各有关部门切实做好节约粮食、反对浪费工作，保障国家粮食安全。国家粮食局为贯彻落实文件精神，也提出了专门的具体实施意见。在此大背景下，爱粮节粮宣传工作仍需进一步加大力度，创新方式，力求实效。要努力配合国家关于节粮工作的各项具体安排，进一步组织好“世界粮食日”、“全国爱粮节粮宣传周”等主要活动；重点加强对粮食储存、物流、加工等领域节粮新产品新科技的宣传推广力度，进一步提高粮食资源利用率；广泛组织开展群众性的爱粮节粮科普宣传活动，进一步扩大活动影响，增强全社会爱粮节粮意识，力求宣传活动扎实、深入、有效。

专栏

一 2009/2010年度国际粮油市场回顾

2009/2010年度全球谷物产量同比减少。根据联合国粮农组织（FAO）2010年2月数据，2009年全球谷物产量为22.48亿吨，同比减少3520万吨，减幅为1.54%；全球谷物库存消费比为23.5%。美国农业部2010年4月数据，预计2009/2010年度全球谷物产量达22.2亿吨，同比减少1462万吨，减幅为0.65%；全球谷物消费量为22.0亿吨，同比增加4214万吨，增幅为1.96%；由于当年新增产量高于消费量，全球谷物库存持续增加至近8年来最高水平的4.3亿吨。2009/2010年度全球主要油籽产量为4.36亿吨，同比增加3992万吨，使用量为3.52亿吨，同比增加1233万吨，库存量7406万吨，同比增加1873万吨。

（一）小麦

全球产量略减。2008年全球小麦生产条件非常适宜，单产创历史最高纪录，2009年小麦单产虽然低于上年，但仍属正常偏优水平。根据美国农业部供需报告，预计2009/2010年度全球小麦产量为6.78亿吨，同比减少485万吨，减幅为0.71%。其中美国产量为6031万吨，同比减少771万吨，减幅达11.33%；欧盟27国产量为1.38亿吨，同比减少1294万吨，减幅达8.56%。乌克兰产量为2090万吨，同比减少500万吨，减幅达19.31%。以上几大主产地的小麦减少的产量部分被澳大利亚、印度等国产量增加所弥补。澳大利亚产量持续恢复性增长，从上年度的2094万吨增加至2250万吨，增幅为7.45%。

全球消费量增加。预计2009/2010年度全球小麦消费量为6.47亿吨，同比增加1282万吨，增幅为2.02%，其中饲料消费为1.14亿吨，同比增加75万吨。除中国外世界小麦库存消费比为24.7%，同比有所回升。

全球贸易量比上年度增加。预计2009/2010年度全球小麦进口量为1.25亿吨，同比减少1143万吨，减幅为8.39%；出口量为1.26亿吨，同比增加1712万吨，减幅为11.97%。

全球库存量比上年持续增加。预计2009/2010年度全球小麦库存数量为1.96亿吨，同比增加3059万吨，增幅为18.52%。

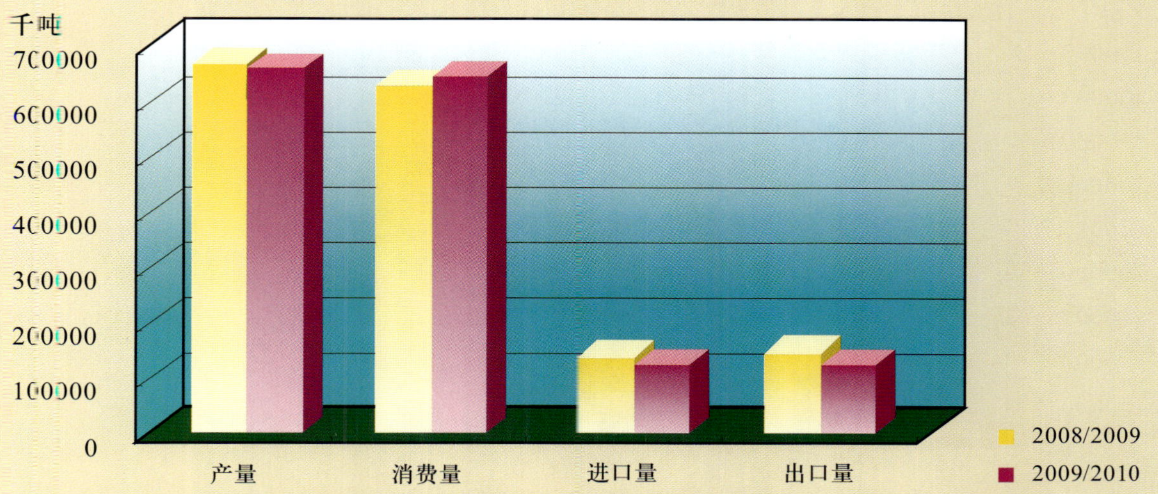

图1 2008／2009、2009／2010年度小麦供求情况

2009年全球小麦价格走势基本维持震荡格局。全球产量虽然同比有所降低，但从历史数据看，仍然是历史第二高水平。年内，印度、澳大利亚等国产量恢复使全球小麦供应十分充足，而上述国家前几年或因国内产量减少而从国外进口小麦，或因气候原因产量下降，可供出口量大幅降低。受此影响，在年初的几个月内全球小麦价格持续震荡下行。4月底5月初开始，随着市场对全球小麦播种面积、天气状况不确定及季节性上涨时期到来，价格走出一波上涨行情。但随着北半球小麦收获开始，供应压力不断增加，从6月开始，随后几个月中，价格下滑。10月开始，由于受到美国小麦播种进度放缓以及外围市场价格走强的影响，价格回调，但由于全球市场基本形势较为疲软，市场走势并未显示出明确方向。截至12月31日，芝加哥最近交割期小麦结算价为541.5美分/蒲式耳，同比下跌了63.25美分/蒲式耳，跌幅为10.5%。

（二）大米

全球产量减少。根据美国农业部供需报告，预计2009/2010年度全球大米产量为4.41亿吨，同比减少639万吨，减幅为1.43%。

全球消费量增加。预计2009/2010年度全球大米消费量为4.39亿吨，同比增加414万吨，增幅为0.95%。

全球贸易量增加，预计2009/2010年度全球大米进口量为2818万吨，同比增加120万吨，增幅为4.43%；出口量为3004万吨，同比增加126万吨，增幅为4.37%。

全球库存量略微降低。预计2009/2010年度全球大米期末库存为9020万吨，同比减少69万吨，增幅为0.76%。而除中国外世界大米库存消费比为16.1%，同比略有下调。

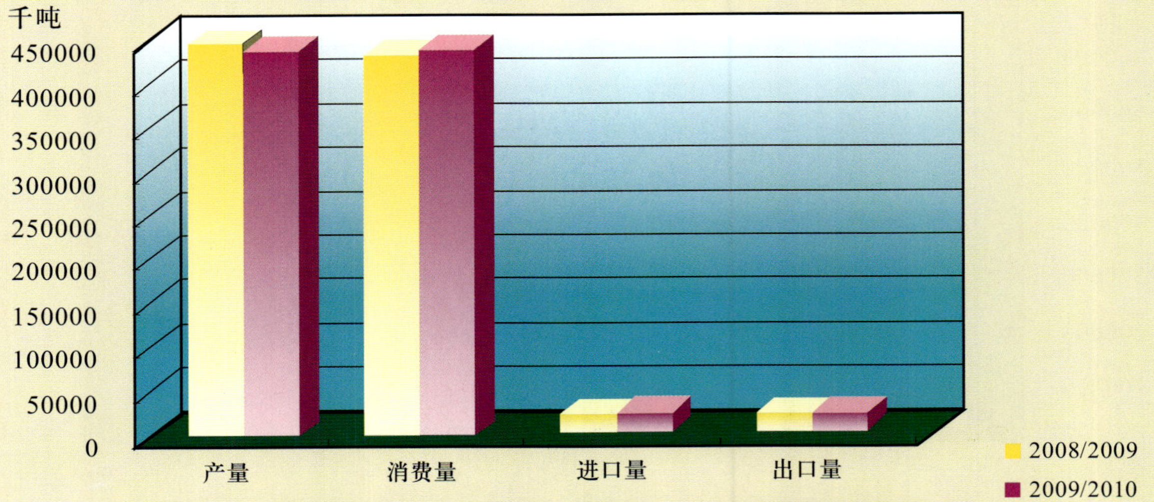

图2 2008/2009、2009/2010年度大米供求情况

2009年全球大米价格整体平稳。大米价格走势对国际市场需求变动以及政策因素敏感度较高。年内，全球大米市场需求与上年基本相仿，但月度间采购国仍会根据价格变化情况来决定进口规模。另外，政府干预政策也对价格影响显著。特别是在泰国，政府所实施的政府采购计划与举行抛售库存的交易均会对本国大米出口价格波动起到重要作用。全年看，全球大米价格总体保持在530～570美元/吨。只在年末，由于菲律宾和印度稻米产量因恶劣天气而受灾严重，大米需求显著增加，市场价格快速上调。截至12月30日，泰国大米100%B级大米出口FOB价格为640美元/吨，同比上扬140美元/吨，涨幅为28%。

（三）玉米

全球产量增加。根据美国农业部供需报告，预计2009/2010年度全球玉米产量为8.06亿吨，同比增加1089万吨，增幅为1.37%。全球产量增加的主要原因是美国以及南美等主产国产量增幅较大。

全球消费量比上年增加，处于历史最高水平。其中饲料消费较上年增加，但增幅仍不及工业消费。预计2009/2010年度全球玉米消费量为8.05亿吨，同比增加3019万吨，增幅为3.9%，其中饲料消费4.92亿吨，同比增加1242万吨，增幅为 2.59%。

全球贸易量比上年略增。预计2009/2010年度全球玉米进口量为8227万吨，与上年度贸易量基本持平；出口量为8601万吨，同比增加159万吨，增幅为1.89%。

全球库存量减少。预计2009/2010年度全球玉米期末库存数量为1.44亿吨，同比减少330万吨，减幅为2.23%。除中国外世界玉米库存消费比为14.6%，同比水平有所下降。

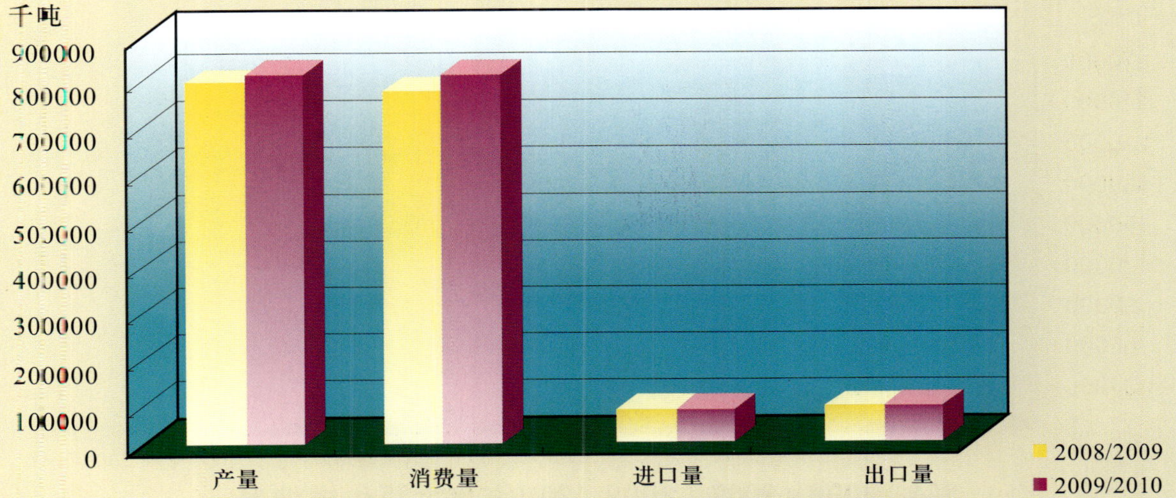

图3　2008／2009、2009／2010年度玉米供求情况

2009年全球玉米价格走势起伏较大，能源价格已成为影响玉米价格的重要因素。2009年上半年，全球经济衰退，国际原油期货价格持续下跌，乙醇生产开工不足，玉米需求持续疲软抑制玉米价格。美国乙醇生产商及谷物加工商ADM认为，年初时美国约有21%的乙醇产能闲置，所运营的美国乙醇厂总产能在102亿加仑，而2008年中期到年底时为129亿加仑。美国再生燃料协会也表示乙醇行业发展势头已经明显放慢。随后，由于担心全球最大生产国——美国玉米播种面积下滑，以及能源价格逐步走强，玉米价格开始缓慢爬升。7月以后，美国主产区在玉米授粉期的气候条件良好，虽然其他部分主产国产量预期下降，但全球玉米总供应量增长压力仍然较大，玉米价格下跌。10月以后，全球经济复苏迹象逐步显现，玉米价格在能源价格等外围市场走强带动下逐步回升。截至12月31日，芝加哥玉米最近交割期结算价为414.5美分/蒲式耳，同比上涨18.25美分/蒲式耳，涨幅为4.6%。

（四）大豆

全球产量比上年增加。根据美国农业部供需报告，预计2009/2010年度全球大豆产量为2.57亿吨，同比增加4569万吨，增幅为21.58%。

全球压榨消费量增加。预计2009/2010年度全球大豆压榨消费量为2.05亿吨，同比增加1136万吨，增幅为5.86%。

全球贸易量增加。预计2009/2010年度全球大豆进口量为8078万吨，同比增加358万吨，增幅为4.64%；出口量为8241万吨，同比增加547万吨，减幅为7.1%。

全球库存量大幅增加。预计2009/2010年度全球大豆期末库存为6296万吨，同比增加2014万吨，增幅为47.04%。

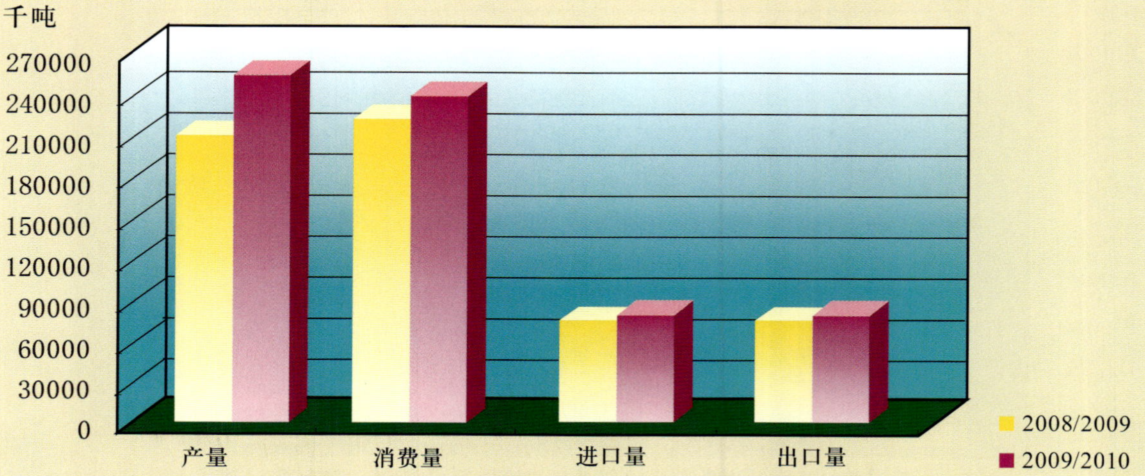

图4 2008/2009、2009/2010年度大豆供求情况

2009年全球大豆价格走势总体呈现先扬后抑。美洲地区大豆产量变化情况以及能源价格走势成为影响2009年大豆价格两大重要因素。1～6月，市场关注焦点基本集中在南美大豆产区阿根廷。天气原因造成阿根廷大豆产量较上年锐减，2008/2009年度阿根廷大豆产量为3200万吨，比2007/2008年度产量4620万吨减少1420万吨，减幅为30.73%。在全球大豆需求仍较为旺盛情况下，海外买家更多寻购美国大豆，支撑了全球大豆价格走强。下半年，由于市场预计南美地区下个年度大豆生产或将出现恢复性增长，给市场带来了很大下行压力。在能源价格走势相对强劲的提振下，大豆市场价格跌幅仍小于上半年的涨幅。截至12月31日，芝加哥大豆最近交割期结算价为1039.75美分/蒲式耳，同比上涨94美分/蒲式耳，涨幅为9.9%。

二 联合国粮农组织（FAO）2010年全球粮食展望

联合国粮农组织（FAO）预计2009年全球粮食产量为22.38亿吨（稻米以大米计），比2008年下降2%，但仍为历史第二个高产量年。其中粗粮和稻米的产量比2008年分别下降3%和1.9%，小麦产量略减。由于2009年粮食丰产且期初库存在相对较高水平，2009～2010年度全球粮食供应情况总体比较乐观，粮食供求基本平衡。

与此同时，2009～2010年度全球粮食消费量将达到22.28亿吨，比2008～2009年度增加1.8%。其中食用消费量将随着人口增长进一步增加，达到10.45亿吨，占总消费量的47%，人均口粮消费153公斤。饲用消费量预计为7.69亿吨，比2008～2009年度增加1%，增量主要来自于发达国家，尤其是欧盟与独联体国家的小麦饲用消费。占饲用消费80%以上的粗粮消费量在2009～2010年度将达到6.31亿吨，与上一年度相比略有增加。粮食的工业消费（主要用于生产淀粉、甜味剂及生物燃料）预计会在2009～2010年度有较快增长，但鉴于目前全球经济形势，增长幅度将小于前几年。

根据最新的粮食生产消费预测，2010年全球粮食期末库存预计达5.1亿吨，比2009年多700万吨，为2002年以来的最高水平。作为粮食安全的重要指标，全球粮食库存消费比预计为23%，超过5年的平均值。另外，粮食价格逐渐回落。根据联合国粮农组织（FAO）的粮食价格指数，2009年1～11月，国际粮食市场价格与2008年同期相比低29%，粮食均价与2008年4月粮价最高时期相比下降了近40%。

由于价格下跌，粮农组织预计2010年全球粮食种植面积将有所减少。欧盟和独联体国家的大麦播种面积减少最为显著，美国冬小麦的播种数量也将受到低价预期的影响。

表1 全球粮食概况表[1]

	2007～2008年度	2008～2009年度（估计值）	2009～2010年度（预测值）	2009～2010年度较2008～2009年度的变化值（%）
	（百万吨）			
全球				
产量	2149.1	2284.1	2238.1	−2.0
贸易量[2]	273.0	283.2	260.2	−8.1
总消费量	2156.6	2189.6	2228.2	1.8
食用消费	1012.4	1031.4	1044.7	1.3
饲用消费	769.2	760.9	768.9	1.0
其他消费	374.9	397.2	414.6	4.4
期末库存	426.7	505.6	509.8	0.8

续表

	2007～2008年度	2008～2009年度（估计值）	2009～2010年度（预测值）	2009～2010年度较2008～2009年度的变化值（%）
	（百万吨）			
供求指数				
人均口粮消费量（公斤/年）				
全球	151.7	152.7	152.9	0.1
低收入缺粮国	154.9	156.3	156.4	0.0
全球库存消费比（%）	19.5	22.7	22.8	
主要粮食出口国的库存消耗比（消耗量为国内消费加贸易量）	13.8	17.5	16.1	
FAO粮食价格指数（2002～2004年的价格指数为100）	2007年	2008年	2009年	2009年1～11月较2008年1～11月的变化值（%）
	167	238	174★	−29

注：1.稻米以大米计。
2.针对小麦和粗粮，贸易量指的是上年7月至当年6月市场年度的出口量。针对稻米，贸易量指的是当年1～12月的出口量。
★2009年1～11月的数据。

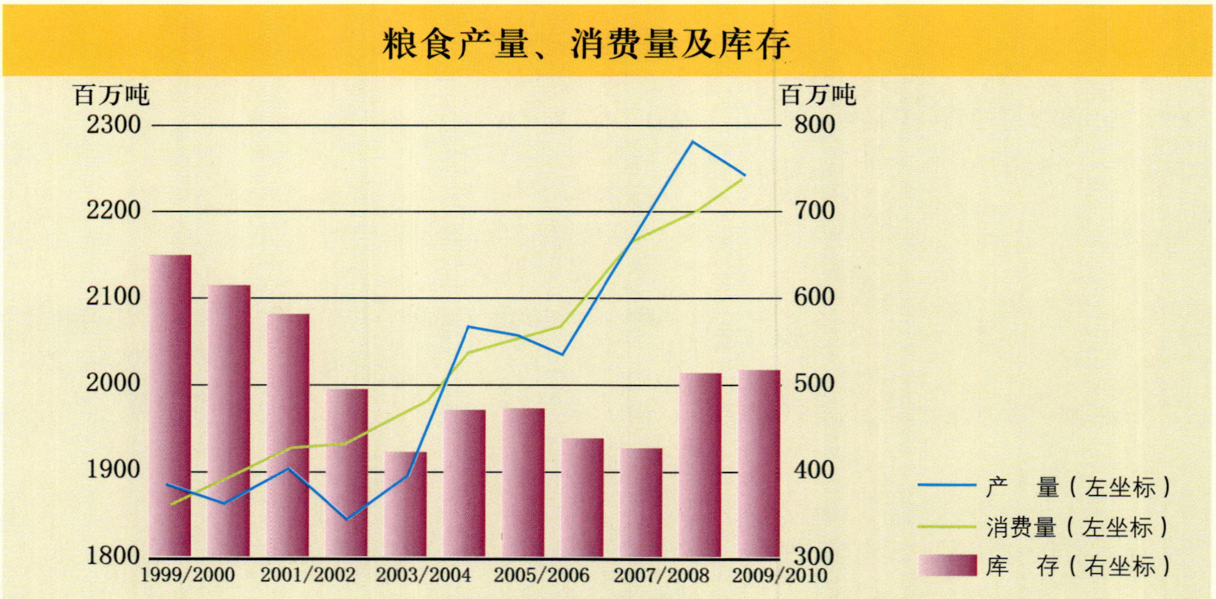

图1　全球粮食概况图

（一）小麦

根据粮农组织的最新预测，2009年全球小麦产量为6.79亿吨，几乎与2008年的历史最高产量持平。亚洲的小麦收割已结束，产量预计比2008年增加2%，各地单产普遍高于历年平均水平。北非的小麦收获情况也好于预期。在北美，尽管2009年美国小麦单产提高，但产量预计比2008年的历史最高水平低11%。俄罗斯和乌克兰小麦产量均高于预期，但是欧洲2009年小麦总产量与上一年相比仍有不少差距。南半球小麦也已进入收获期，由于2009年5月以来的持续旱情，南美小麦预计比2008年减产4%。2009年也是澳大利亚小麦自2005年以来的第二个高产年。

表2 全球主要生产国家及地区小麦产量

国家及地区	2008年（估计值）（百万吨）	2009年（预测值）（百万吨）	2009年与2008年的变化值（%）
欧盟	150.4	137.1	−8.8
中国（大陆）	112.5	115.0	2.2
印度	78.6	80.6	2.6
俄罗斯	61.2	61.0	−0.3
美国	68.0	60.4	−11.2
加拿大	28.6	24.6	−14.1
巴基斯坦	21.5	24.0	11.8
乌克兰	24.2	20.5	−15.4
澳大利亚	21.4	22.7	6.2
土耳其	17.8	20.5	15.2
哈萨克斯坦	16.0	17.0	6.3
伊朗	9.8	13.0	32.7
阿根廷	8.3	7.5	−9.6
埃及	8.0	8.8	10.3
乌兹别克斯坦	6.1	6.2	5.8
其他国家和地区	49.1	59.4	21.0
全球总产量	**681.4**	**678.6**	**−0.4**

到2009年11月中旬，美国冬小麦播种全部结束，由于农民预测2010年小麦价格将低于2009年，2010年美国小麦产量预计下降3%左右。欧盟的情况也类似，由于部分农民转而种植油料等经济回报率较高的作物，小麦种植面积减少，因此预计2010年欧洲小麦进一步减产。但欧洲其他国家和地区，尤其是东欧的小麦种植面积将扩大，主要原因是政府的扶持政策。作为亚洲两个主要小麦生产国，中国和印度两国的政府都实施了鼓励小麦种植的政策，例如中国提高小麦最低收购价等。因此，2010年中国小麦的种植面积预计与上一年持平，而印度则有望扩大小麦种植面积。

2009～2010年度全球小麦消费量预计为6.65

亿吨，比2008～2009年度增加3%左右，超过10年来平均水平约2个百分点。其中食用消费量预计为4.62亿吨，比2008～2009年度增加1.6%。饲用消费量为1.25亿吨，比上一年度增长4.5%，这反映了俄罗斯等地小麦饲用消费量的显著恢复。由于2009年小麦产量和结转库存量较大，全球小麦消费将快速增长，直到出现供应紧张，价格上涨的情况。

2009～2010市场年度（2009年7月～2010年6月）全球小麦贸易量较2008～2009市场年度的历史最高值将大幅下滑15%以上，预计为1.17亿吨。其主要原因：一是北非和亚洲小麦丰收，进口需求减少。二是国际小麦价格在2009～2010市场年度的前三个月，即2009年7～9月持续下跌。不过到10月价格开始回升，主要受到其他粮食市场的有力带动以及美元贬值的影响。目前全球小麦库存水平较高，再加上几个主要生产国扩大种植面积，近几个月的小麦国际价格预计不会上涨，但也不排除由于其他作物市场的影响及小麦市场本身的不稳定，小麦价格再度上扬的可能性。

表3 全球小麦市场概况表

	2007～2008年度	2008～2009年度（估计值）	2009～2010年度（预测值）	2009～2010年度与2008/2009年度的变化值（%）
	（百万吨）			
全球				
产量	625.5	681.4	678.6	−0.4
贸易量[1]	112.1	139.1	117.0	−15.9
总消费量	644.7	647.6	665.3	2.7
食用消费	447.8	455.6	462.9	1.6
饲用消费	122.6	119.9	125.3	4.5
其他消费	74.3	72.1	77.0	6.9
期末库存	143.3	172.3	183.5	6.5
供求指数				
人均小麦消费量（公斤/年）				
全球	67.1	67.5	67.7	0.4
低收入缺粮国	57.2	57.8	58.3	0.8
全球库存消费比（%）	22.1	25.9	27.9	
小麦主要出口国的库存消耗比（消耗量为国内消费加贸易量）[2]	11.8	17.5	20.3	
粮食价格指数*（2002～2004年的价格指数为100）	2007	2008	2009	2009年1～11月与2008年1～11月的变化值（%）
	179	235	154**	−36

注：1.小麦贸易量指的是上年7月至当年6月市场年度的出口量。
2.小麦主要出口国包括阿根廷、澳大利亚、加拿大、欧盟及美国。
*数据来自国际谷物理事会(IGC)小麦价格指数。
**2009年1～11月的数据。

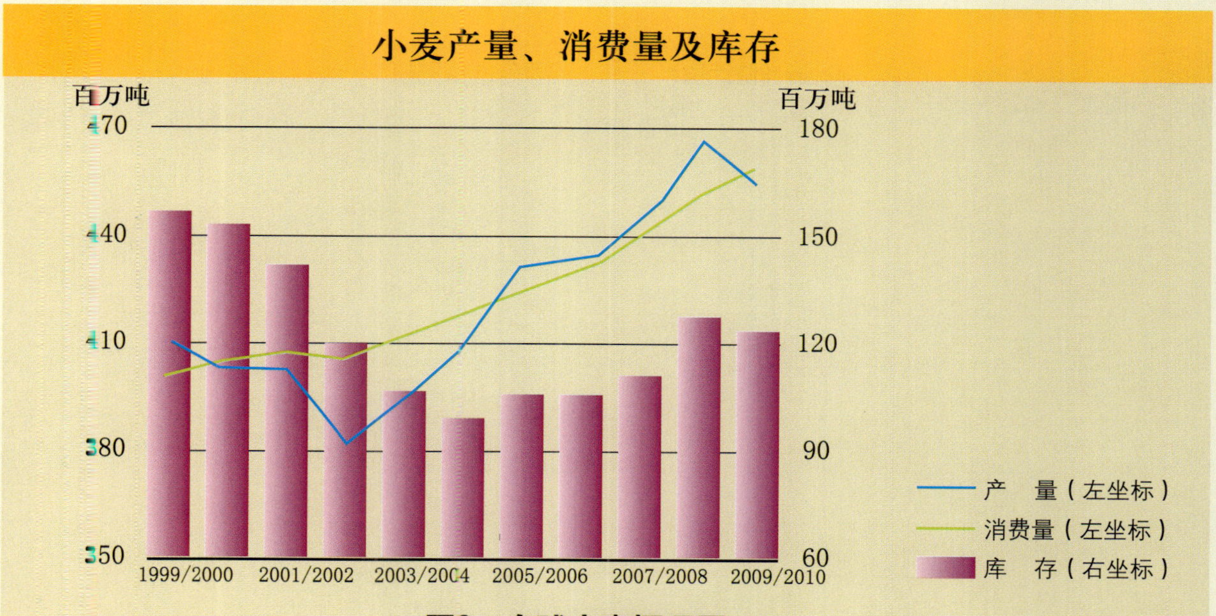

图2　全球小麦概况图

（二）粗粮

根据联合国粮农组织（FAO）的最新预测，2009年全球粗粮产量为11.09亿吨，比2008年历史最高产量低3%，但仍是历史第二个高产年，主要原因是美国玉米生长期气候条件良好，单产提高。2009年美国玉米产量接近2007年的历史最高水平。而其他主要生产国除非洲南部的几个国家外，均出现了减产。2009年全球玉米产量预计为8.05亿吨，仅比2008年低1.7%。

大麦作为粗粮的另一个主要品种，2009年全球产量将比2008年下降4.5%，为1.46亿吨。减产主要来自北美和欧洲，近东和北非地区的大麦产量高于上年。此外，由于美国在连续增产两年后出现产量大幅下降的情况。

2009年度全球高粱产量预计为6000万吨，比2008年减产8.5%。

表4　全球主要生产国家及地区粗粮产量

国家及地区	2008年（估计值）	2009年（预测值）	2009年与2008年的变化值（%）
	（百万吨）		
美国	326.5	346.6	6.2
中国（大陆）	175.9	167.2	−4.9
欧盟	163.2	153.0	−6.3
巴西	61.6	53.7	−12.9
印度	39.1	34.8	−11.2

续表

国家及地区	2008年（估计值）	2009年（预测值）	2009年与2008年的变化值（%）
	（百万吨）		
俄罗斯	41.7	31.7	−24.0
墨西哥	31.9	30.1	−5.7
加拿大	27.4	22.5	−17.9
尼日利亚	26.0	26.0	0.0
阿根廷	27.0	16.7	−38.1
乌克兰	24.4	21.6	−11.6
印度尼西亚	16.3	17.0	4.4
埃塞俄比亚	12.7	11.2	−11.9
澳大利亚	12.8	12.5	−2.2
南非	13.7	12.8	−6.3
其他国家和地区	142.8	151.3	5.9
全球总产量	**1143.1**	**1108.7**	**−3.0**

2009～2010年度全球粗粮消费预计比2008～2009年度增加1.2%，增幅低于上两个年度。增幅减缓的主要原因是饲料工业对粗粮的需求量减少和燃料乙醇工业对粗粮原料的消费增幅减缓。

2008～2009年度全球粗粮饲用消费预计为6.32亿吨，比上一年度增加不到1%，这反映了金融危机对美国和其他发达国家肉类产品需求的影响。预计2009～2010年度饲用小麦的大量供应以及其他非粮饲料如玉米干酒糟的应用，将对粗粮饲用需求产生较大冲击。发达国家的粗粮饲用消费将进一步萎缩，而发展中国家的粗粮饲用消费在亚洲国家尤其是中国的驱动下，将比上年度有所增长。

2009年全球粗粮食用消费预计与上一年持平，为1.93亿吨左右。根据这个预测， 全球人均粗粮口粮消费为28公斤，与2008年的水平接近。

在粗粮的其他用途中，工业消费尤其是以玉米为原料的燃料乙醇工业消费量将有明显增长。2009～2010年度，在对燃料乙醇产品需求持续旺盛的刺激下，美国将消耗1.07亿吨玉米用于生产燃料乙醇，比上年度增长14%。虽然增幅较大，但依然低于前几年燃料乙醇工业迅速扩张时期。

2010年全球粗粮期末库存预计为2.05亿吨，比期初库存量下降1.8%，但仍然在2001年以来的历年期末库存中列第二位。其中玉米库存量将下降200万吨，为1.58亿吨。粗粮主要出口国和地区的期末库存总量预计为7800万吨，比期初水平低200万吨。其中美国结转库存有望保持4700万吨水平，而加拿大（主要是大麦和玉米）和欧盟（主要是玉米）的结转库存量将有所下降。

由于阿根廷及独联体国家的出口量下降，2009～2010市场年度全球粗粮贸易量及出口量均略低于上一年水平。这主要体现在大麦和高粱的贸易方面，而玉米出口预计增加。由于饲料和燃料工业对粗粮的整体需求量较上一年度并未出现大幅增加，国际粗粮价格在未来数月很难出现持续上扬的趋势，但有可能会因为能源和大豆等其他市场的影响，粗粮价格出现上涨。

表5 全球粗粮市场概况表

	2007～2008年度	2008～2009年度（估计值）	2009～2010年度（预测值）	2009～2010年度与2008～2009年度的变化值（%）
	（百万吨）			
全球				
产量	1082.4	1143.1	1108.7	−3.0
贸易量[1]	130.8	113.7	112.0	−1.5
总消费量	1075.3	1095.7	1109.0	1.2
食用消费	187.6	192.5	192.7	0.1
饲用消费	634.6	629.1	631.5	0.4
其他消费	253.1	274.2	284.8	3.9
期末库存	172.6	208.9	205.2	−1.8
供求指数				
人均粗粮消费量（公斤/年）				
全球	28.1	28.5	28.2	−1.1
低收入缺粮国	28.9	29.4	29.0	−1.6
全球库存消费比（%）	15.8	18.8	18.2	
粗粮主要出口国的库存消耗比（消耗量为国内消费加贸易量）[2]	12.0	14.4	13.8	
粮食价格指数（2002～2004年的价格指数为100）	2007	2008	2009	2009年1～11月与2008年1～11月的变化值（%）
	154	211	157*	−27

注：1.粗粮贸易量指的是上年7月至当年6月市场年度的出口量。
2.粗粮主要出口国包括阿根廷、澳大利亚、加拿大、欧盟及美国。
*2009年1～11月的数据。

粗粮产量、消费量及库存

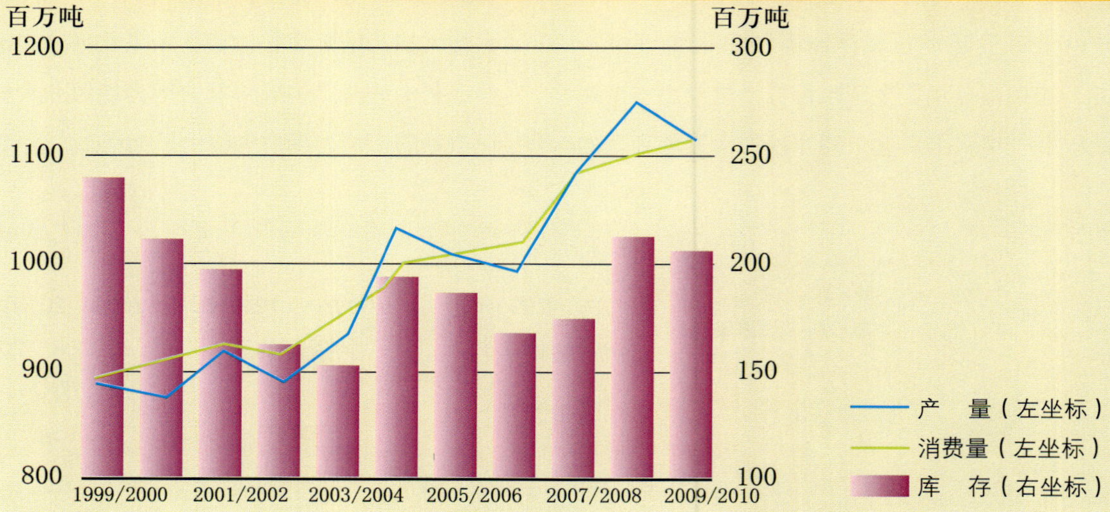

图3　全球粗粮概况图

（三）稻米

受到雨季不规律及一系列自然灾害的影响，2009年全球稻米产量预计为6.75亿吨（按碾米计为4.51亿吨），比2008年减产1300万吨，跌幅为1.9%，但依然是历史上第二高产年。产量下降最明显的是亚洲，从2008年的6.24亿吨降至6.09亿吨。其中印度由于受不规律雨季的影响，出现先旱后涝的灾害天气，稻米产量比2008年减少2100万吨，减产幅度高达14%。孟加拉、中国台湾、伊拉克、日本、尼泊尔、巴基斯坦、菲律宾及斯里兰卡也不同程度地出现减产。而亚洲的另一些国家和地区，主要包括阿富汗、柬埔寨、中国大陆、朝鲜、印度尼西亚、伊朗、老挝、缅甸、韩国、泰国和越南，稻米生产由于种植面积扩大而获得丰收。由于整体气候条件不如2008年，再加上埃及的稻米种植面积减少，非洲的稻米将减产3%，为2460万吨。拉美和加勒比海地区的稻米产量预计为2740万吨，比上一年增加4%。2009年美国稻米产量将增加7%，欧盟和俄罗斯的稻米预计也有所增产。由于国际稻米价格预计在未来几个月看涨，2010年稻米种植面积将进一步扩大，产量也有望增加。

预计2010年全球稻米消费量为4.54亿吨（按碾米计），比2009年增加800万吨。其中食用消费占到绝大部分，为3.89亿吨，高于2009年的3.83亿吨。2010年全球稻米即使增产也仅能满足日益增长人口的口粮需求，预计2010年人均口粮消费量与上一年持平，为57.3公斤。

2009年全球稻米产量与2010年全球稻米消费需求量相比，有近300万吨的缺口。因此，2010年稻米期末结转库存预计会从2009年同期的1.24亿吨下降至1.21亿吨，但仍高于2002～2009年以来1.1亿吨的平均水平。由于稻米减产，预计2010年印度结转库存将从上一年的2100万吨下降至1200万吨。此外，孟加拉、埃及、缅甸、菲律宾和越南的库存水平也将有明显减少。由于2009年稻米增产而库存增加的国家包括中国大陆、哥伦比亚、印度尼西亚、马里、韩国和美国。

根据最新预测，2010年全球稻米贸易量为3120万吨，比2009年增加80万吨，增幅为2.7%。由于菲律宾政府宣布进行200万吨稻米进口招标，国际稻米价格从2009年11月开始反弹。市场上还有消息称印度政府将进口数百万吨稻米，虽然消息还未证实，但进一步刺激了价格上升。目前涨价最多的是品质较低的籼米，而粳米和香米等品种的价格变化不大。

表6 全球稻米市场概况表

	2007～2008年度	2008～2009年度（估计值）	2009～2010年度（预测值）	2009～2010年度与2008～2009年度的变化值（%）
	（百万吨）			
全球				
产量	441.2	459.6	450.8	−1.9
贸易量[1]	30.1	30.4	31.2	2.7
总消费量	436.6	446.3	453.9	1.7
食用消费	377.0	383.3	389.1	1.5
期末库存	110.8	124.4	121.1	−2.7
供求指数				
人均粗粮消费量（公斤/年）				
全球	56.9	57.2	57.3	0.2
低收入缺粮国	69.4	69.6	69.7	0.1
全球库存消费比（%）	24.8	27.4	26.2	−4.4
稻米主要出口国的库存消耗比（消耗量为国内消费加贸易量）[2]	17.5	20.6	14.3	−30.6
粮食价格指数（2002～2004年的价格指数为100）	2007	2008	2009	2009年1～11月与2008年1～11月的变化值（%）
	161	295	153★	−15.1

注：1 稻米贸易量指的是日历年度的出口量。
2 稻米主要出口国包括印度、巴基斯坦、泰国、美国和越南。
★2009年1～11月的数据。

稻米产量、消费量及库存

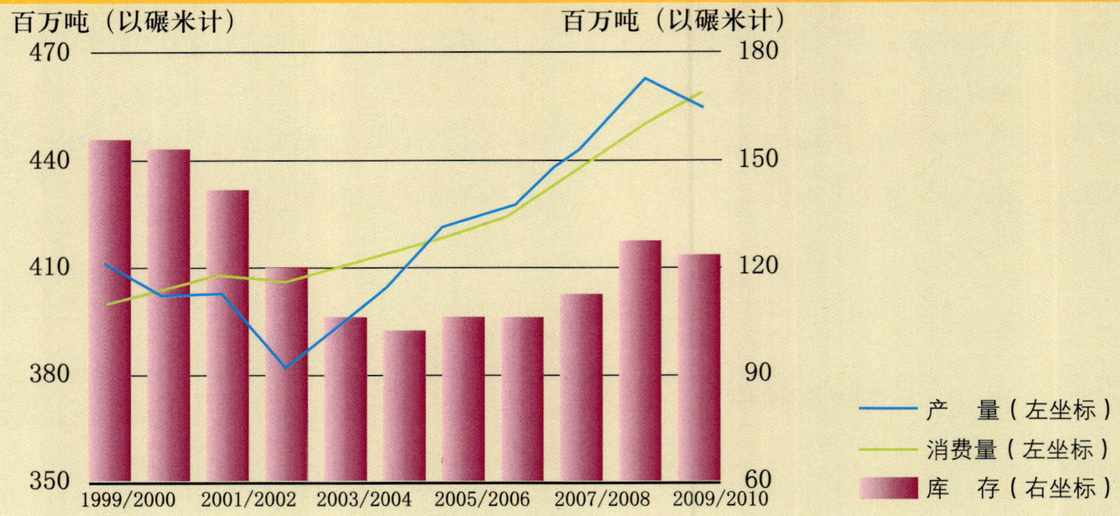

图4 全球稻米概况图

（四）油料

在经历了上两个年度的减产后，2009～2010年度全球油料产量将恢复性增长至4.4亿吨，增幅为8%。增产的部分全部来自大豆，其他作物的产量或下降或保持不变。而前两年正是由于大豆歉收抵消了其他油料作物的增产。

由于气候影响，2009年全球葵花籽、花生、棉籽的产量预计均低于2008年，油菜籽产量与去年持平。大豆全球产量预计增长17%，主要原因是单产提高且种植面积扩大。在美国，由于气候条件良好并且面积有所增加，大豆获得丰收。南美国家在2009年由于干旱的影响，大豆产量锐减。目前南美正处于大豆种植期，由于大豆收益好于其他粮食作物，再加上生产成本普遍有所下降，预计2010年南美大豆种植面积将增加7%。如果气候正常，南美大豆的单产有望提高，总产量也将高于2009年。在亚洲，印度大豆种植面积预计不会扩大，主要原因是大豆种植者受到低价进口植物油的冲击。中国的部分豆农也转而种植玉米，再加上根据气候情况，预计2010年中国大豆将减产。

表7 全球主要油料作物的产量

	2007～2008年度	2008～2009年度（估计值）	2009～2010年度（预测值）	2009～2010年度与2008～2009年度的变化值（%）
	（百万吨）			
大豆	220.0	211.5	248.0	+17.3
棉籽	44.0	40.7	40.2	−1.2
油菜籽	48.7	58.4	58.3	−0.2
花生（带壳）	35.4	35.2	33.0	−6.3
葵花籽	28.9	33.9	31.5	−7.1
棕榈仁	11.2	11.5	12.1	+5.2
总量	**393.2**	**396.4**	**428.4**	**+8.1**

最近几年全球油料消费持续增长，预计2009～2010年度将增加3%以上，中国、印度和亚洲其他新兴国家对油料食用消费需求的增长成为最重要的推动力。除此之外，由于2010年欧盟、南美和其他地区的一些国家将从法律上对生物燃料在燃油中的混合率进行规定，生物柴油的生产和出口也将升温。从总体上看，2010年中国、南亚、东南亚、北美、阿根廷、巴西和欧盟等国家和地区的油料消费将增加。中国将超过欧盟，成为世界上最大的油料消费国，而印度也将超越美国，成为第三大油料消费国。

由于接连两年减产，全球油料产需不平衡使得库存下降。预计2009～2010年度产量将略超需求量（100万吨左右），因此库存会有少量恢复。全球油料库存将达到2300万吨，比2008～2009年度增加4%。其中豆油库存增量显著，而棕榈油库存变化不大，菜籽油和葵花籽油甚至会出现库存减少。油料的库存消费比没有明显增加，这就预示全球油料市场供求依然偏紧，价格有上涨的可能。

在贸易方面，预计2009～2010年度印度尼西亚将增加棕榈油出口，并首次超过马来西亚成为第一大棕榈油出口国。阿根廷、巴西和美国的大豆及豆油出口预计与上一年度持平，而国内增产的部分多被用来充实库存。

作为最主要的油料进口国和地区，中国、欧盟和印度在2009～2010年度的油料进口将分别下降6%、3%和10%，主要原因是国内油料增产或库存量大。与之相反的是，亚洲其他国家由于对油料的需求旺盛，可能会增加进口。

表8 全球油料及其产品概况

	2007～2008年度	2008～2009年度（估计值）	2009～2010年度（预测值）	2009～2010年度与2008～2009年度的变化值（%）
	（百万吨）			
全球油料				
产量	403.5	407.1	440.5	8.2

续表

	2007～2008年度	2008～2009年度（估计值）	2009～2010年度（预测值）	2009～2010年度与2008～2009年度的变化值（%）
	（百万吨）			
油和油脂[1]				
产量	155.6	159.7	168.0	5.2
供应量[2]	179.8	182.8	190.0	3.9
消费量	157.5	161.7	167.0	3.3
贸易量[3]	80.5	85.1	83.9	−1.4
库存消费比（%）	14.6	13.6	13.7	
豆粕和饼粕[4]				
产量	101.5	99.7	111.9	12.2
供应量	123.1	116.9	126.4	8.1
消费量	104.9	103.8	106.9	3.0
贸易量	63.0	61.7	62.4	1.1
库存消费比（%）	16.9	14.0	16.9	
粮食价格指数（2002～2004年的价格指数为100）	2007	2008	2009	2009年1～11月与2008年1～11月的变化值（%）
油料	129	217	156	−28
豆粕/饼粕	153	202	180	−11
油和油脂	148	243	144	−41

注：1.包括植物、动物和海洋生物的油和油脂产品。
2.产量与期初库存之和。
3.贸易量指的是上年7月至当年6月市场年度的出口量。
4.所有豆粕和饼粕的数据都用蛋白质当量来表示，豆粕和饼粕包括从油料作物、动物和海洋生物中提取的所有粕类产品。

备注：此文编译自联合国粮农组织（FAO）2009年12月报告。

附录

一 2009年大事记

一月

1月4日，为进一步做好秋粮收购和安全储粮工作，国家发展改革委、国家粮食局、财政部、中国农业发展银行联合发出通知，对进一步做好东北地区秋粮收购和安全储粮工作提出具体要求：一是认真落实粮食收购政策；二是督促企业做好安全储粮工作；三是指导农民做好科学储粮工作；四是加强政策宣传。

1月12～13日，经国务院批准，全国粮食局长会议在北京召开。会议主要任务是认真贯彻党的十七大、十七届三中全会和中央经济工作会议、中央农村工作会议精神，深入学习实践科学发展观，总结2008年粮食流通工作，分析当前面临的新形势，统一思想，提高认识，研究部署2009年粮食流通工作。国家粮食局局长聂振邦同志在会上作了题为《深入学习实践科学发展观，加强粮食宏观调控，保障国家粮食安全》的工作报告，郄建伟、任正晓、张桂凤、杨兵、曾丽瑛同志出席会议。

1月16日，国家粮食局与湖北省人民政府签署国家粮食局、湖北省政府关于推动湖北省粮食工作发展备忘录。根据约定，国家粮食局将在武汉国家稻米交易中心建设、粮油食品工业发展、粮食现代物流体系建设、粮食仓储设施建设、食用油产业发展、农户储粮工程、粮食科研教育基地建设、粮油质量检测体系建设8个方面对湖北给予重点支持。湖北省委书记罗清泉、省长李鸿忠、国家粮食局局长聂振邦、副局长郄建伟出席仪式。

1月24日，经报请国务院批准，2009年继续在稻谷主产区实行最低收购价政策，并大幅提高最低收购价水平。2009年生产的早籼稻（三等，下同）、中晚籼稻、粳稻最低收购价分别提高到每50公斤90元、92元、95元，均比2008年提高13元，提高幅度分别为16.9%、16.5%、15.9%。

二月

2月11～13日，为贯彻落实《国务院办公厅关于开展全国粮食清仓查库工作的通知》（国办发〔2008〕118号）和《2009年全国粮食清仓查库工作实施方案》精神，做好2009年全国粮食清仓查库工作，国家粮食局在北京举办全国粮食清仓查库师资培训班，对粮食库存实物检查方法、粮食库存统计账检查方法、粮食库存会计账检查方法、粮食库存质量检查方法、粮食清仓查库工作纪律与监督等进行了培训。各省（区、市）有关部门和单位选派了500多名专业人员参加培训。国家粮食局、中国农业发展银行总行、中储粮总公司、中粮集团、华粮物流有限公司的有关同志也参加了培训。国家发展和改革委员会副主任张晓强和国家粮食局局长聂振邦、副局长任正晓同志出席培训班开班仪式。

2月13日，全国粮食流通监督检查工作会议在北京召开。会议的主要内容是总结2008年度全国粮食流通监督检查工作，安排部署2009年全国粮食清仓查库等监督检查工作任务，公布2008年度全国粮食流通监督检查工作考核结果。任正晓同志出席会议并讲话。

2月23日，国家粮食局召开全体党员、干部职工大会，对深入学习实践科学发展观活动进行全面总结。国家粮食局按照中央的总体部署和要求，以“实践科学发展观，保障国家粮食安全”为主题，认真扎实地开展了学习实践活动，圆满完成了各项任务，达到了预期目的。学习实践活动主要取得三个方面的显著成效：一是进一步统一思想，形成了粮食流通工作科学发展的共识；二是取得了一批推进粮食流通事业科学发展的调研成果；三是解决了一些影响制约粮食流通科学发展和基层、群众迫切需要解决的突出问题，取得了一批重要成果。

三月

3月10～12日，2009年全国粮食清仓查库质量检验工作会议在湖北省武汉市召开。会议的主要内容是：听取各国家粮食质量监测中心关于本省（区、市）2009年全国粮食清仓查库质量检查扦样和检验工作准备情况的汇报；讨论跨省交叉检验实施方案；审议2009年全国粮食清仓查库质量检验实施细则；开展主要检验项目比对检验培训。任正晓同志出席会议并讲话。

3月23～24日，全国粮食调控与统计工作会议在贵州省贵阳市召开。会议的主要内容是：总结2008年粮食调控和统计工作，讨论并部署2009年工作任务；研究分析2009年粮食供求和购销形势；会审、汇编2008年度全国粮油统计年报；公布2008年度全国粮食流通统计工作考核结果。曾丽瑛同志出席会议并讲话。

3月25日上午，国务院召开全国粮食清仓查库工作电视电话会议。这次会议的主题是，对全国粮食清仓查库进行动员部署，确保工作取得预期成效。中共中央政治局常委、国务院副总理李克强出席会议并讲话。会议由国务院副秘书长尤权主持，全国粮食清仓查库工作部际联席会议牵头人、国家发展改革委副主任张晓强对清查工作做了部署，吉林省副省长王守臣，福建省委常委、常务副省长张昌平和河南省副省长刘满仓作了发言，全国粮食清仓查库工作部际联系会议成员单位负责同志参加会议，国家粮食局局长聂振邦、副局长任正晓同志参加电视电话会议。

3月26～27日，全国粮食财会工作会议在江苏省南京市召开。会议的主要内容是：总结2008年粮食财会工作，研究和布置2009年粮食财会工作任务，会审汇编2008年度国有粮食企业会计决算报表。任正晓同志出席会议并讲话。

四月

4月1日，第十二届中国粮食论坛在北京举行。论坛由中国粮食行业协会、中国储备粮管理总公司、中国农业发展银行、中粮集团、郑州粮食批发市场、郑州商品交易所、大连商品交易所联合举办，来自全国各地的粮食行政管理部门、行业协会、粮油企业及有关大专院校、科研机构的领导、专家出席了论坛。曾丽瑛同志出席研讨会并作报告。

4月8～9日，全国粮食系统纪检监察工作会议在山东省青岛市召开。会议的主要内容是：贯彻落实中纪委全会和国务院廉政工作会议精神；对2008年全国粮食系统纪检监察工作进行总结和交流，部署2009年全国粮食系统纪检监察工作；各地汇报2008年工作情况和2009年工作安排。聂振邦、杨兵同志出席会议并讲话。

4月16日，经国家发展改革委和外交部批准，国家粮食局与美国内布拉斯加州政府在北京举行了

《合作协议》签字仪式。作为落实《合作协议》的重要内容，美国齐富工业公司与国家粮食局科学研究院所属的国贸工程设计院签订了《粮食仓储物流建设科技合作框架协议》。两个协议的签订，标志着中美双方粮食科技合作进入了新阶段。美国内布拉斯加州政府代表、州农业部长格雷格先生和贸易代表斯坦先生、美国齐富工业公司总裁卢格·唐森以及内布拉斯加州政府访华代表团成员出席签字仪式，聂振邦、郄建伟同志出席签字仪式。

五月

5月13日，全国粮食清仓查库部际联合抽查工作全面启动。全国粮食清仓查库部际联合抽查10个工作组，统一从北京出发，分赴河北、山西、吉林、黑龙江、江苏、安徽、河南、广东、四川和陕西10个重点省份，对这些省份粮食库存情况进行随机抽查。5月中下旬，国家粮食局又派出由局领导带队的巡查组，分赴陕西、河北、江苏、黑龙江、四川对粮食清仓查库工作进行巡查。

5月16日，2009年粮食科技活动周开幕式在陕西省西安市举行。本届粮食科技活动周的主题是“科学消费植物油”，主要宣传国家关于促进植物油产业健康发展、保障安全供给的相关政策，重点展示“十五”、“十一五”粮食科技创新成果，以加强营养健康宣传、普及科学知识为目的。郄建伟同志出席开幕式。

5月19日，部分主产区小麦收购工作座谈会在河北省石家庄市召开。会议对2009年小麦收购工作作出具体部署：加强指导和协调，认真落实小麦最低收购价执行预案；督促国有和国有控股粮食企业发挥好主渠道作用，引导和鼓励有资质的粮食企业积极入市收购；进一步充实地方粮食储备；做好仓容、器材等各项准备工作，保证夏粮收购需要和储粮安全；正确履行市场监管职责，维护好粮食流通市场秩序等。聂振邦、曾丽瑛同志出席会议。

5月19日，经国务院批准，国家发展改革委、财政部、农业部、国家粮食局、农业发展银行、中国储备粮管理总公司联合印发关于2009年小麦最低收购价执行预案的通知。执行本预案的小麦主产区为河北、江苏、安徽、山东、河南、湖北6省。小麦最低收购价以2009年生产的国标三等小麦为标准品，白麦每市斤0.87元，红麦、混合麦每市斤0.83元。小麦最低收购价适用时间为2009年5月21日至9月30日。

5月26日，《粮食流通管理条例》五周年暨《粮食法》研究座谈会在北京召开。会议主要内容是总结《粮食流通管理条例》颁布实施五年来的贯彻落实情况，交流粮食依法行政的成效和做法，研究新形势下如何推进粮食法制建设。聂振邦同志出席会议。

5月26日，全国粮食系统贯彻实施《食品安全法》工作会议在陕西省西安市召开。会议总结了近几年全国粮食质量安全监管工作取得的成效，部署粮食系统全面贯彻落实《食品安全法》工作，旨在进一步推进我国粮食质量安全监管工作科学发展，确保国家粮食质量安全。任正晓同志出席会议并讲话。

六月

6月2日，国家发展改革委、国家粮食局、财政部、中国农业发展银行下达2009年国家临时存储菜籽油收购计划的通知，由中储粮总公司组织在内蒙古、江苏、浙江、安徽、江西、河南、湖北、湖南、重庆、四川、贵州、云南、西藏、陕西、甘肃、青海和新疆等省（区、市）收购。这批国家临时存储菜籽油收购采取由委托收储企业按规定挂牌价格向农民收购油菜籽，再委托加工企业加工成菜籽油转为国家临时存储油的方式进行。油菜籽挂牌收购价格为每市斤1.85元。这次油菜籽托市收购政策的执行期限：冬播油菜籽产区为2009年6月1日至9月30日；春播油菜籽产区为2009年9月1日至12月31日。

6月11日，国家发展改革委、国家粮食局发出通知，决定从6月下旬至10月底，部署各地价格主管部门、粮食行政管理部门开展粮食收购价格重点检查工作。此次检查对象包括河北、江苏、安徽、山东、河南、湖北等小麦最低收购价预案执行地区，辽宁、吉林、黑龙江、内蒙古等国家临时存储玉米执行地区，承担小麦最低收购价收购、国家临时存储玉米收购任务的中储粮直属企业，以及委托收储库点和延伸收购库点。检查内容是2008年1月1日以后，有关粮食收购企业执行小麦最低收购价、国家临时存储玉米收购价格政策的情况。

6～7月，国家粮食局派出调研组，分别由局领导带队，分赴河南、内蒙古、四川、山东、福建、江西、湖南、江苏、陕西、湖北、浙江等省调研夏季粮油收购工作。

七月

7月7日，经国务院批准，国家发展改革委、财政部、农业部、国家粮食局、农业发展银行、中储粮总公司印发《2009年早籼稻最低收购价执行预案的通知》。执行本预案的早籼稻主产区为安徽、江西、湖北、湖南、广西5省（区）。早籼稻最低收购价每市斤0.90元，以2009年生产的国标三等早籼稻为标准品，具体质量标准按新稻谷国家标准（GB1350—2009）执行。适用时间为2009年7月16日至2009年9月30日。

7月8日，早籼稻收购工作座谈会在浙江省杭州市召开。会议对2009年早籼稻收购工作做出具体部署：认真落实早籼稻最低收购价政策；引导和鼓励各类企业积极入市收购；进一步充实地方储备；加强与农发行的沟通协调，解决好收购资金问题等。曾丽瑛同志出席会议并讲话。

7月22～23日，全国放心粮油进社区及粮食经纪人培育发展工作经验交流会在山西召开。会议的主要内容是：学习贯彻《食品安全法》和国务院文件精神，交流推广放心粮油进农村进社区工作和粮食经纪人培育发展工作的先进经验；研究部署放心粮油进农村进社区示范工程和粮食经纪人培育发展工作；为放心粮油进农村进社区先进单位、粮食经纪人培育发展工作先进单位、诚信粮油企业和首批信用评价试点企业授牌。张桂凤同志出席会议并讲话。

7月23～24日，全国粮食政策法规工作座谈会在黑龙江召开。会议的主要内容是：总结一年来全国粮食政策法规工作，研究部署下一步工作重点；专题研究下一阶段粮食流通工作的总体思路；组织交流在政策研究、粮食立法、“五五”普法、依法行政、粮食流通产业发展、市场体系建设等方面的做法和经验；研究讨论《粮食法（草案，初稿）》和《粮食批发市场管理办法（初稿）》。聂振邦同志出席会议并讲话。

八月

8月6～7日，2009年度全国粮油市场信息工作会议在青海省西宁市召开。会议的主要内容是：研讨如何围绕粮食流通中心任务，进一步做好粮油市场信息服务工作；研讨如何利用现有资源，充分发挥各省粮油信息中心优势，建立和完善高效、一流的信息服务网络；2008/2009年度国内外粮油市场供求状况及价格趋势分析；总结2008/2009年度粮油市场信息工作。

8月19日，国家粮食局召开党组扩大会议，研究审议《粮食法》起草有关工作。会议决定，由国家粮食局党组成员、副局长任正晓同志担任《粮食法》研究起草工作组组长，政策法规司司长颜波同志任副组长，局内有关司室负责同志为工作组成员。聂振邦同志主持会议，郄建伟、任正晓、杨兵、曾丽瑛同志出席。

8月20日，经国务院批准，国家发展改革委、国家粮食局、财政部、农发行联合下发关于下达国家临时存储小麦收购计划的通知。由中储粮总公司组织在新疆收购国家临时存储小麦，收购计划数量为150万吨。指定库点小麦挂牌收购价格（国标三等质量标准）为：白麦每市斤0.87元，红麦、混合麦每市斤0.84元。

8月24日，为妥善解决东北地区仓容不足的问题，缓解东北地区收储压力，国家发展改革委、国家粮食局、财政部、铁道部、农发行和中储粮总公司联合下达2009年第三批国家临时存储粮食跨省移库计划300万吨，全部为东北地区收购的国家临时存储粮食。

九月

9月9日，国家粮食局在湖南省长沙市召开部分主产区中晚稻收购工作座谈会。会议对2009年中晚稻收购工作做出具体部署：认清形势把握政策，高度重视并统筹安排好中晚稻收购工作，切实落实中央各项强农惠农政策；认真落实中晚稻最低收购价执行预案；引导和鼓励各类企业积极入市收购；积极充实地方储备，认真做好中央和地方储备的轮换入库工作；及时研究解决收购中出现的新情况和新问题，确保中晚稻收购工作顺利进行等。曾丽瑛同志出席会议并讲话。

9月17～18日，全国粮食系统办公室主任会议在广东省广州市召开。会议的主要内容是：通报粮食系统信息化建设情况；介绍47个省级粮食局节点接入全国发展改革系统纵向网工程建设进展情况，督促有关省份进一步完善条件、尽快完成纵向网接入，部署纵向网运行维护等相关工作；研究布置全国粮食动态信息系统建设有关前期工作；交流粮食系统办公室工作的经验与体会，研究探讨做好新形势下粮食信息化工作的具体措施。

9月17～18日，国家粮食局在安徽省合肥市组织召开2009年农户科学储粮专项启动工作会议，对专项实施工作进行安排部署。2009年农户科学储粮专项主要为黑龙江、辽宁、吉林、内蒙古、河北、山东、湖南、河南、江西、四川、安徽、湖北、新疆、陕西14个省（区）的57.2万户农户配置有关储粮设施设备，项目总投资66785万元，其中中央预算内投资20000万元，地方配套23133万元，农户自筹23652万元。

9月18日，经国务院批准，国家发展改革委、财政部、农业部、国家粮食局、农业发展银行、中储粮总公司印发《2009年中晚稻最低收购价执行预案的通知》。执行本预案的中晚稻主产区为辽宁、吉林、黑龙江、江苏、安徽、江西、河南、湖北、湖南、广西、四川11省（区）。中晚籼稻最低收购价每市斤0.92元，粳稻最低收购价每市斤0.95元，以2009年生产的国标三等中晚稻为标准品，具体质量标准按新稻谷国家标准（GB1350—2009）执行。适用时间：江苏、安徽、江西、河南、湖北、湖南、广西、四川8省（区）为2009年9月16日至2009年12月31日；辽宁、吉林、黑龙江3省为2009年11月16日至2010年3月31日。

9月25日，《粮食法（草案）》起草工作组第一次全体成员会议在京召开。会议研究讨论了《粮食法（草案）》的立法宗旨、适用范围、基本原则和主要制度，《粮食法（草案）》专题调研项目和分工意见，以及编辑《粮食法（草案）》起草工作简报等有关问题。会议由《粮食法（草案）》起草领导小组成员兼工作组组长、国家粮食局副局长任正晓同志主持，国务院法制办、科技部、工业和信息化部、财政部、国土资源部、水利部、农业部、商务部、卫生部、人民银行、工商总局、质检总局、国家发展改革委、国家粮食局14个部门相关司局的负责同志和部门联络员参加。

十月

10月9日，国务院召开全国粮食清仓查库工作总结电视电话会议，中共中央政治局常委、国务院副总理李克强出席会议并讲话。至此，2009年全国粮食清仓查库工作圆满结束。清查结果表明，2009年3月末全国国有粮食企业粮食总库存4508亿斤（原粮），账实相符，质量总体良好，质量合格率97.1%，宜存率为99.1%。

10月13日，国家决定2010年继续在小麦和稻谷主产区实行最低收购价政策，并适当提高最低收购价水平。2010年生产的白小麦（三等，下同）、红小麦、混合麦最低收购价分别提高到每50公斤90元、86元、86元，均比2009年提高3元。

10月16日，由农业部、国家粮食局和联合国粮农组织共同主办，农业部国际合作司、国家粮食局发展交流中心和上海海洋大学承办的“2009年世界粮食日主题宣传活动”在上海海洋大学举行启动仪式。本年度宣传活动的主题为“应对危机 实现粮食安全”。张桂凤同志出席宣传活动。

10月16～18日，“新中国成立60周年全国粮食行业成就展暨第九届中国国际粮油产品及设备技术展览会”在江苏省南京市召开。新中国成立60周年全国粮食行业成就展包括综合展区，各省、区、市展区以及企业展区等，通过多种形式，全面反映了我国粮食行业60年来的重大历史变迁和取得的丰硕成果。爱粮节粮展览、粮食文物展、粮食书画展等内容也同时展出。第九届中国国际粮油产品设备技术展览会共有来自全国30多个省（区、市）以及意大利等国的近600家企业参加，重点展示了粮油产品、深加工产品以及粮油储运、加工及粮食检化验仪器设备等上千个品种，涉及粮食行业产业链各个环节。任正晓、张桂凤同志出席展览会开幕仪式。

10月16日，国家粮食局与中国农业发展银行联合印发关于加强合作支持现代粮食流通产业发展的通知。支持的主要范围：一是政府储备粮油的增储和轮换业务，以及国家最低收购价粮、临时存储粮和政府用于市场调控的其他政策性粮油的购销。二是国有粮食企业及取得粮食收购资格的其他粮食企业按市场价自主购销粮食业务。三是粮食产业化龙头企业生产基地建设、技术升级改造、固定资产购置和食品安全及检测能力建设，以及粮食订单收购和放心粮油工程建设。四是粮油仓储、物流设施建设和粮食批发市场建设等。五是粮食产区与销区的产销合作。

10月29日，《粮食法》起草领导小组第一次会议在北京召开。会议主要内容是审议确定《粮食法》起草思路、进度安排、专题调研等相关事宜，正式启动《粮食法》起草工作。会议由国家发展改革委副主任张晓强主持，国务院法制办、科技部、工信部、财政部、国土资源部、水利部、农业部、商务部、卫生部、人民银行、工商总局、质检总局及国家粮食局等部门相关负责同志参加。聂振邦、任正晓同志出席会议。

十一月

11月2～3日，国有粮食企业改革和发展工作研讨会在上海召开。会议主要内容：总结近年来各地国有粮食企业改革和发展工作，分析当前面临的新形势和新情况，研究部署下一阶段进一步推进国有粮食企业改革和发展工作；交流近年来各地国有粮食企业改革和发展工作经验。任正晓同志出席会议。

11月11～12日，粮食经济类期刊主编暨《中国粮食经济》通讯联络员会议在湖南省长沙市召开。会议的主要内容是：回顾各地粮食经济期刊自创刊以来的发展历程，总结各地粮食经济期刊对粮食事业发展作出的贡献，交流各地多年来办刊的经验和体会；总结各地粮食经济期刊2009年编辑出版工作，研究2010年宣传要点；探讨面对出版业改革和粮食工作新形势，如何进一步做好粮食经济期刊工作。郄建伟同志出席会议。

11月13日，为贯彻落实党中央、国务院领导同志的指示精神和国务院办公厅《关于做好强降雪防范应对工作的通知》要求，妥善安排好人民生活，进一步做好强降雪期间粮食供应和安全生产工作，国家粮食局印发《关于做好强降雪期间粮食供应和安全生产工作的紧急通知》（国粮电〔2009〕17号）。通知要求：切实加强领导，高度重视雪灾期间粮食供应和安全生产工作；采取积极措施，保障粮油市场供应；加强市场监测，做好启动粮油应急预案的准备；强化市场监管，维护市场流通秩序；加强安全检查，防止发生雪灾事故；认真落实值班制度，确保信息畅通。

11月23日，经国务院批准，国家发展改革委、财政部、国家粮食局、中国农业发展银行联合发出通知，决定对内蒙古自治区和辽宁、吉林、黑龙江省的玉米和大豆继续实行国家临时收储政策。通知明确了此次在东北主产区收购的2009年新产玉米和大豆，作为国家临时存储，各指定库点要严格执行国家粮食收购政策，按照规定价格公开挂牌收购，切实保护农民利益。

11月23～24日，国家粮食局在甘肃省兰州市召开部分地区国有粮食企业经营管理工作座谈会。会议的主要内容：认真分析2009年以来国有粮食企业经营管理情况，以及当前存在的主要问题，交流各地国有粮食企业经营管理的经验和做法，研究和布置下一阶段国有粮食企业经营管理工作。任正晓同志出席会议并讲话。

11月27日，为贯彻落实好中央关于粮食工作的方针政策，开好2010年全国粮食局长会议，国家粮食局召开部分省（市）粮食局负责同志座谈会，征求对聂振邦同志在2010年全国粮食局长会议上工作报告的意见及建议。聂振邦同志出席会议。

十二月

12月1日，国家粮食局在内蒙古呼和浩特市召开部分省（区）玉米购销工作座谈会。会议对2009年玉米和秋粮收购工作做出具体部署：一是要充分认识做好当前玉米及秋粮收购工作的重要意义，高度重视并统筹安排好收购工作。二是要认真落实好当前各项粮食收购政策措施，切实保护种粮农民利益。三是要引导和鼓励各类企业积极入市收购，搞活粮食流通。四是要提前做好收购工作的各项准备，确保收购工作顺利进行。五是要积极引导南方企业到东北地区采购玉米，加强产销合作。六是要继续做好地方粮食储备充实工作，夯实保障国家粮食安全的物质基础。七是加强对粮食收购和有关政策落实情况的监督检查，切实维护市场秩序。曾丽瑛同志出席会议并讲话。

12月5～6日，部分省（区、市）粮食局机关党建工作座谈会在广西北海召开。会议主要内容是：学习贯彻党的十七届四中全会和全国机关党建工作会议精神，交流机关党建工作情况；研讨如何进一步做好新形势下的机关党建工作，为粮食流通工作科学发展提供政治动力和组织保证。张桂凤同志出席会议并讲话。

12月8日，国家粮食局党组召开会议，传达学习胡锦涛总书记、温家宝总理在中央经济工作会议上的重要讲话，结合粮食流通工作实际，研究提出贯彻落实会议精神、做好粮食流通工作的具体措施：一是加强和改善粮食宏观调控，保障粮食有效供给，确保国家粮食安全。二是充分利用清仓查库成果，健全粮食库存管理长效机制。三是深化粮食流通体制改革，促进国有粮食企业健康发展。四是积极推进现代粮食流通产业发展，着力构建新型粮食购销服务体系。五是认真做好《粮食法》草案的调研和起草工作，积极推进依法管粮。六是总结粮食行业发展和“十一五”规划实施经验，认真研究制定粮食行业“十二五”发展规划。七是贯彻落实党的十七届四中全会精神，加强粮食行业党的建设和队伍建设。

12月16～17日，全国粮食仓储工作会议在安徽省合肥市召开。会议的主要内容是回顾总结2009年全国粮食仓储管理、流通设施建设和安全生产工作，分析当前面临的形势和任务，研究布置2010年粮食仓储管理、设施建设和安全生产工作，部署全国粮食流通设施建设“十二五”规划工作。郄建伟同志出席会议并讲话。

12月27～28日，中央农村工作会议在北京举行。会议认真贯彻党的十七大和十七届三中、四中全会以及中央经济工作会议精神，系统总结2009年农业农村工作，重点研究加大统筹城乡发展力度、进一步夯实农业农村发展基础的政策措施，全面部署2010年的农业农村工作。聂振邦同志参加会议。

12月29日，国家发展和改革委员会发布“中华人民共和国国家发展和改革委员会第5号令”。第5号令指出：为规范粮油仓储单位的粮油仓储活动，维护粮食流通秩序，保障国家粮食安全，根据《粮食流通管理条例》、《中央储备粮管理条例》和相关法律法规，特制定《粮油仓储管理办法》，经国家发展和改革委员会主任办公会议讨论通过，自公布之日起施行。原商业部1987年6月22日颁布的《国家粮油仓库管理办法》[（87）商储（粮）字第12号]同时废止。

2009年，国家粮食局批准成立乌鲁木齐、北京、大连、天津4个国家粮食交易中心。

2009年，国家粮食局授予297户企业粮食类代储资格，46户企业油脂类代储资格。

2009年4月和9月，国家粮食局共安排粮油保管员、粮油质量检验员集中鉴定考试各6次，制米工、制粉工和制油工集中鉴定考试各2次。

二 粮食行业统计资料

1.全国主要农作物播种面积(1978～2009年)

单位:千公顷

年 份	粮食					油料
		稻谷	小麦	玉米	大豆	
1978	120587	34421	29183	19961	7144	6222
1979	119263	33873	29357	20133	7247	7051
1980	117234	33878	28844	20087	7226	7928
1981	114958	33295	28307	19425	8024	9134
1982	113462	33071	27955	18543	8419	9343
1983	114047	33136	29050	18824	7567	8390
1984	112884	33178	29576	18537	7286	8678
1985	108845	32070	29218	17694	7718	11800
1986	110933	32266	29616	19124	8295	11415
1987	111268	32193	28798	20212	8445	11181
1988	110123	31987	28785	19692	8120	10619
1989	112205	32700	29841	20353	8057	10504
1990	113466	33064	30753	21401	7560	10900
1991	112314	32590	30948	21574	7041	11530
1992	110560	32090	30496	21044	7221	11489
1993	110509	30355	30235	20694	9454	11142
1994	109544	30171	28981	21152	9222	12081
1995	110060	30744	28860	22776	8127	13102
1996	112548	31406	29611	24498	7471	12555
1997	112912	31765	30057	23775	8346	12381
1998	113787	31214	29774	25239	8500	12919
1999	113161	31283	28855	25904	7962	13906
2000	108463	29962	26653	23056	9307	15400
2001	106080	28812	24664	24282	9482	14631
2002	103891	28202	23908	24634	8720	14766
2003	99410	26508	21997	24068	9313	14990
2004	101606	28379	21626	25446	9589	14431
2005	104278	28847	22793	26358	9591	14318
2006	104958	28938	23613	28463	9304	11738
2007	105638	28919	23721	29478	8754	11316
2008	106793	29241	23617	29864	9127	12825
2009	108986	29627	24291	31183	9190	13652

数据来源：国家统计局统计资料。

2.全国主要农作物产量(1978～2009年)

单位:万吨

年 份	粮食					油料
		稻谷	小麦	玉米	大豆	
1978	30476.5	13693.0	5384.0	5594.5	756.5	521.8
1979	33211.5	14375.0	6273.0	6003.5	746.0	643.5
1980	32055.5	13990.5	5520.5	6260.0	794.0	769.1
1981	32502.0	14395.5	5964.0	5920.5	932.5	1020.5
1982	35450.0	16159.5	6847.0	6056.0	903.0	1181.7
1983	38727.5	16886.5	8139.0	6820.5	976.0	1055.0
1984	40730.5	17825.5	8781.5	7341.0	969.5	1191.0
1985	37910.8	16856.9	8580.5	6382.6	1050.0	1578.4
1986	39151.2	17222.4	9004.0	7085.6	1161.4	1473.8
1987	40297.7	17426.2	8590.2	7924.1	1246.5	1527.8
1988	39408.1	16910.7	8543.2	7735.1	1164.5	1320.3
1989	40754.9	18013.0	9080.7	7892.8	1022.7	1295.2
1990	44624.3	18933.1	9822.9	9681.9	1100.0	1613.2
1991	43529.3	18381.3	9595.3	9877.3	971.3	1638.3
1992	44265.8	18622.2	10158.7	9538.3	1030.4	1641.2
1993	45648.8	17751.4	10639.0	10270.4	1530.7	1803.9
1994	44510.1	17593.3	9929.7	9927.5	1599.9	1989.6
1995	46661.8	18522.6	10220.7	11198.6	1350.2	2250.3
1996	50453.5	19510.3	11056.9	12747.1	1322.4	2210.6
1997	49417.1	20073.5	12328.9	10430.9	1473.2	2157.4
1998	51229.5	19871.3	10972.6	13295.4	1515.2	2313.9
1999	50838.6	19848.7	11388.0	12808.6	1424.5	2601.2
2000	46217.5	18790.8	9963.6	10600.0	1540.9	2954.8
2001	45263.7	17758.0	9387.3	11408.8	1540.6	2864.9
2002	45705.8	17453.9	9029.0	12130.8	1650.5	2897.2
2003	43069.5	16065.6	8648.8	11583.0	1539.3	2811.0
2004	46946.9	17908.8	9195.2	13028.7	1740.1	3065.9
2005	48402.2	18058.8	9744.5	13936.5	1634.8	3077.1
2006	49804.2	18171.8	10846.6	15160.3	1508.2	2640.3
2007	50160.3	18603.4	10929.8	15230.0	1272.5	2568.7
2008	52870.9	19189.6	11246.4	16591.4	1554.2	2952.8
2009	53082.1	19510.3	11511.5	16397.4	1498.2	3154.3

数据来源：国家统计局统计资料。

3.全国主要农作物单位面积产量(1978～2009年)

单位:公斤／公顷

年 份	粮食					油料
		稻谷	小麦	玉米	大豆	
1978	2527.3	3978.1	1844.9	2802.7	1059.0	838.6
1979	2784.7	4243.8	2136.8	2981.9	1029.4	912.7
1980	2734.3	4129.6	1913.9	3116.4	1098.8	970.0
1981	2827.3	4323.7	2106.9	3047.9	1162.2	1117.2
1982	3124.4	4886.3	2449.3	3265.9	1072.6	1264.8
1983	3395.7	5096.1	2801.7	3623.3	1289.8	1257.4
1984	3608.2	5372.6	2969.1	3960.3	1330.6	1372.5
1985	3483.0	5256.3	2936.7	3607.2	1360.5	1337.7
1986	3529.3	5337.6	3040.2	3705.1	1400.2	1291.1
1987	3621.7	5413.1	2982.9	3920.6	1476.0	1366.5
1988	3578.6	5286.7	2968.0	3928.1	1434.1	1243.3
1989	3632.2	5508.5	3043.0	3877.9	1269.3	1233.1
1990	3932.8	5726.1	3194.1	4523.9	1455.1	1479.9
1991	3875.7	5640.2	3100.5	4578.3	1379.5	1421.0
1992	4003.8	5803.1	3331.2	4532.7	1427.0	1428.4
1993	4130.8	5847.9	3518.8	4963.0	1619.1	1619.0
1994	4063.2	5831.1	3426.3	4693.4	1734.9	1646.9
1995	4239.7	6024.8	3541.5	4916.9	1661.4	1717.6
1996	4482.8	6212.4	3734.1	5203.3	1770.2	1760.7
1997	4376.6	6319.4	4101.9	4387.3	1765.1	1742.5
1998	4502.2	6366.2	3685.3	5267.8	1782.5	1791.0
1999	4492.6	6344.8	3946.6	4944.7	1789.2	1870.5
2000	4261.2	6271.6	3738.2	4597.5	1655.7	1918.7
2001	4266.9	6163.3	3806.1	4698.4	1624.8	1958.1
2002	4399.4	6189.0	3776.5	4924.5	1892.9	1962.0
2003	4332.5	6060.7	3931.8	4812.6	1652.9	1875.2
2004	4620.5	6310.6	4251.9	5120.2	1814.8	2124.6
2005	4641.6	6260.2	4275.3	5287.3	1704.5	2149.2
2006	4745.2	6279.6	4593.4	5326.3	1620.9	2249.3
2007	4748.3	6433.0	4607.7	5166.7	1453.7	2270.0
2008	4950.8	6562.5	4762.0	5555.7	1702.8	2302.3
2009	4870.6	6585.3	4739.0	5258.5	1630.2	2310.5

数据来源：国家统计局统计资料。

4.各地区粮食播种面积（2008~2009年）

单位:千公顷

地　区	2008年	2009年	2009年比2008年增加	
			绝对数	%
全国总计	106792.6	108985.8	2193.1	2.1
东部地区	24478.3	24734.9	256.6	1.0
中部地区	31346.0	31852.1	506.1	1.6
西部地区	32552.3	33456.0	903.7	2.8
东北地区	18416.0	18942.8	526.8	2.9
北　京	226.3	226.3	0.0	0.0
天　津	293.5	306.6	13.1	4.5
河　北	6158.1	6216.5	58.4	0.9
山　西	3111.3	3146.7	35.3	1.1
内蒙古	5254.5	5424.0	169.5	3.2
辽　宁	3035.9	3124.1	88.2	2.9
吉　林	4391.2	4427.7	36.5	0.8
黑龙江	10988.9	11391.0	402.1	3.7
上　海	174.5	193.3	18.8	10.7
江　苏	5267.1	5272.0	4.9	0.1
浙　江	1271.6	1290.1	18.5	1.5
安　徽	6561.1	6605.6	44.5	0.7
福　建	1210.3	1231.0	20.7	1.7
江　西	3578.1	3604.6	26.5	0.7
山　东	6955.6	7030.1	74.5	1.1
河　南	9600.0	9683.6	83.6	0.9
湖　北	3906.7	4012.5	105.8	2.7
湖　南	4588.8	4799.1	210.3	4.6
广　东	2499.9	2538.5	38.6	1.5
广　西	2973.1	3067.5	94.4	3.2
海　南	421.3	430.4	9.2	2.2
重　庆	2215.4	2229.5	14.1	0.6
四　川	6430.9	6419.4	−11.5	−0.2
贵　州	2919.6	2984.7	65.2	2.2
云　南	4095.9	4200.1	104.2	2.5
西　藏	170.6	169.4	−1.2	−0.7
陕　西	3126.0	3134.0	8.0	0.3
甘　肃	2683.0	2740.0	57.0	2.1
青　海	272.0	275.7	3.7	1.4
宁　夏	826.2	826.9	0.7	0.1
新　疆	1585.2	1984.7	399.5	25.2

数据来源：国家统计局统计资料。

5.各地区粮食总产量（2008~2009年）

单位:万吨

地区	2008年	2009年	2009年比2008年增加	
			绝对数	%
全国总计	52870.9	53082.1	211.2	0.4
东部地区	13586.6	13817.4	230.8	1.7
中部地区	16407.1	16615.2	208.1	1.3
西部地区	13951.9	14245.4	293.6	2.1
东北地区	8925.3	8404.0	−521.3	−5.8
北京	125.5	124.8	−0.7	−0.5
天津	148.9	156.3	7.4	4.9
河北	2905.8	2910.2	4.4	0.2
山西	1028.0	942.0	−86.0	−8.4
内蒙古	2131.3	1981.7	−149.6	−7.0
辽宁	1860.3	1591.0	−269.3	−14.5
吉林	2840.0	2460.0	−380.0	−13.4
黑龙江	4225.0	4353.0	128.0	3.0
上海	115.7	121.7	6.0	5.2
江苏	3175.5	3230.1	54.6	1.7
浙江	775.6	789.2	13.6	1.8
安徽	3023.3	3069.9	46.6	1.5
福建	652.3	666.9	14.5	2.2
江西	1958.1	2002.6	44.5	2.3
山东	4260.5	4316.3	55.8	1.3
河南	5365.5	5389.0	23.5	0.4
湖北	2227.2	2309.1	81.9	3.7
湖南	2805.0	2902.7	97.7	3.5
广东	1243.4	1314.5	71.1	5.7
广西	1394.7	1463.2	68.5	4.9
海南	183.5	187.6	4.1	2.2
重庆	1153.2	1137.2	−16.0	−1.4
四川	3140.0	3194.6	54.6	1.7
贵州	1158.0	1168.3	10.3	0.9
云南	1518.6	1576.9	58.3	3.8
西藏	95.0	90.5	−4.5	−4.7
陕西	1111.0	1131.4	20.4	1.8
甘肃	888.5	906.2	17.7	2.0
青海	101.8	102.7	0.9	0.9
宁夏	329.2	340.7	11.5	3.5
新疆	930.5	1152.0	221.5	23.8

数据来源：国家统计局统计资料。

6.各地区粮食单位面积产量（2008~2009年）

单位:公斤/公顷

地区	2008年	2009年	2009年比2008年增加	
			绝对数	%
全国总计	4950.8	4870.6	-80.2	-1.6
东部地区	5550.5	5586.2	35.7	0.6
中部地区	5234.2	5216.4	-17.8	-0.3
西部地区	4286.0	4258.0	-28.0	-0.7
东北地区	4846.5	4436.5	-410.0	-8.5
北京	5542.8	5513.7	-29.1	-0.5
天津	5074.1	5096.9	22.8	0.4
河北	4718.7	4681.4	-37.3	-0.8
山西	3304.1	2993.6	-310.4	-9.4
内蒙古	4056.2	3653.6	-402.6	-9.9
辽宁	6127.7	5092.7	-1035.0	-16.9
吉林	6467.5	5555.9	-911.5	-14.1
黑龙江	3844.8	3821.4	-23.3	-0.6
上海	6627.9	6295.9	-332.0	-5.0
江苏	6028.9	6126.9	97.9	1.6
浙江	6098.9	6117.0	18.1	0.3
安徽	4607.9	4647.4	39.5	0.9
福建	5389.9	5417.2	27.2	0.5
江西	5472.5	5555.6	83.1	1.5
山东	6125.3	6139.8	14.5	0.2
河南	5589.0	5565.1	-24.0	-0.4
湖北	5701.1	5754.7	53.7	0.9
湖南	6112.7	6048.4	-64.3	-1.1
广东	4973.9	5178.3	204.4	4.1
广西	4691.1	4770.0	78.9	1.7
海南	4355.2	4358.5	3.3	0.1
重庆	5205.4	5100.7	-104.6	-2.0
四川	4882.7	4976.5	93.8	1.9
贵州	3966.3	3914.2	-52.2	-1.3
云南	3707.6	3754.5	46.9	1.3
西藏	5569.7	5343.2	-226.5	-4.1
陕西	3554.1	3610.1	56.1	1.6
甘肃	3311.6	3307.3	-4.3	-0.1
青海	3742.8	3724.4	-18.4	-0.5
宁夏	3985.2	4120.3	135.1	3.4
新疆	5869.9	5804.4	-65.5	-1.1

数据来源：国家统计局统计资料。

7.2009年各地区粮食及油料作物播种面积和产量

单位:千公顷；万吨；公斤/公顷

地区	粮食			稻谷		
	播种面积	总产量	每公顷产量	播种面积	总产量	每公顷产量
全国总计	108985.8	53082.1	4870.6	29626.9	19510.3	6585.3
东部地区	24734.9	13817.4	5586.2	6658.6	4459.9	6697.9
中部地区	31852.1	16615.2	5216.4	12233.6	7933.5	6485.0
西部地区	33456.0	14245.4	4258.0	6956.8	4531.4	6513.7
东北地区	18942.8	8404.0	4436.5	3777.9	2585.5	6843.7
北京	226.3	124.8	5513.7	0.4	0.2	6315.8
天津	306.6	156.3	5096.9	16.0	11.3	7018.1
河北	6216.5	2910.2	4681.4	85.1	57.5	6750.9
山西	3146.7	942.0	2993.6	1.1	0.5	4386.0
内蒙古	5424.0	1981.7	3653.6	101.8	64.8	6365.4
辽宁	3124.1	1591.0	5092.7	656.7	506.0	7705.2
吉林	4427.7	2460.0	5555.9	660.4	505.0	7646.9
黑龙江	11391.0	4353.0	3821.4	2460.8	1574.5	6398.3
上海	193.3	121.7	6295.9	108.5	90.0	8296.6
江苏	5272.0	3230.1	6126.9	2233.2	1802.9	8073.0
浙江	1290.1	789.2	6117.0	938.7	666.7	7101.8
安徽	6605.6	3069.9	4647.4	2246.9	1405.6	6255.9
福建	1231.0	666.9	5417.2	864.6	515.3	5960.3
江西	3604.6	2002.6	5555.6	3282.1	1905.9	5807.0
山东	7030.1	4316.3	6139.8	134.6	112.0	8321.1
河南	9683.6	5389.0	5565.1	611.3	451.0	7377.7
湖北	4012.5	2309.1	5754.7	2045.1	1591.9	7784.1
湖南	4799.1	2902.7	6048.4	4047.2	2578.6	6371.3
广东	2538.5	1314.5	5178.3	1959.7	1058.1	5399.3
广西	3067.5	1463.2	4770.0	2125.0	1145.9	5392.5
海南	430.4	187.6	4358.5	317.7	145.9	4592.9
重庆	2229.5	1137.2	5100.7	682.0	511.30	7496.6
四川	6419.4	3194.6	4976.5	2027.1	1520.2	7499.4
贵州	2984.7	1168.3	3914.2	698.2	453.2	6490.2
云南	4200.1	1576.9	3754.5	1039.8	636.2	6118.6
西藏	169.4	90.5	5343.2	1.0	0.5	5200.0
陕西	3134.0	1131.4	3610.1	125.3	82.5	6582.4
甘肃	2740.0	906.2	3307.3	5.7	3.9	6878.3
青海	275.7	102.7	3724.4	0.0	0.0	0.0
宁夏	826.9	340.7	4120.3	78.2	64.6	8250.3
新疆	1984.7	1152.0	5804.4	72.5	48.3	6664.8

数据来源：国家统计局统计资料。

7.2009年各地区粮食及油料作物播种面积和产量

续表

单位:千公顷；万吨；公斤/公顷

地　区	小麦			玉米		
	播种面积	总 产 量	每公顷产量	播种面积	总 产 量	每公顷产量
全国总计	24290.8	11511.5	4739.0	31182.6	16397.4	5258.5
东部地区	8310.7	4413.3	5310.4	6838.8	3892.7	5692.0
中部地区	9377.7	4784.3	5101.7	5882.8	3004.3	5106.9
西部地区	6296.3	2192.1	3481.6	9529.6	4807.1	5044.4
东北地区	306.0	121.8	3981.0	8931.5	4693.3	5254.8
北　京	60.6	31.0	5118.0	150.8	89.8	5953.8
天　津	110.2	54.0	4903.3	165.9	88.7	5348.7
河　北	2394.5	1229.8	5136.2	2950.5	1465.2	4966.1
山　西	727.5	211.1	2902.0	1451.2	654.3	4508.4
内蒙古	528.2	171.2	3241.3	2451.2	1341.3	5471.9
辽　宁	8.8	4.5	5113.6	1964.1	963.1	4903.5
吉　林	4.1	1.0	2439.0	2957.2	1810.0	6120.7
黑龙江	293.1	116.3	3968.6	4010.2	1920.2	4788.4
上　海	57.6	22.1	3837.6	4.2	2.4	5755.4
江　苏	2077.6	1004.4	4834.5	399.8	216.2	5406.4
浙　江	60.4	23.2	3849.6	27.0	11.7	4310.0
安　徽	2355.3	1177.2	4998.0	730.7	304.7	4169.7
福　建	3.8	1.1	2929.9	37.9	14.6	3843.5
江　西	9.9	1.9	1921.5	16.1	7.3	4530.8
山　东	3545.2	2047.3	5774.9	2917.3	1921.5	6586.5
河　南	5263.3	3056.0	5806.2	2895.4	1634.0	5643.4
湖　北	993.4	331.7	3338.9	507.3	244.1	4812.3
湖　南	28.4	6.4	2253.5	282.0	159.9	5670.2
广　东	0.8	0.2	2857.1	166.7	74.7	4481.1
广　西	4.0	0.6	1500.0	534.6	225.2	4212.5
海　南	0.0	0.0	0.0	18.7	8.0	4247.8
重　庆	168.2	51.7	3072.4	459.1	244.5	5324.3
四　川	1277.5	423.3	3313.5	1334.4	643.0	4818.6
贵　州	262.9	44.5	1693.3	751.5	405.2	5392.0
云　南	432.4	92.3	2134.6	1354.2	542.7	4007.3
西　藏	36.8	24.6	6681.2	4.0	2.6	6343.3
陕　西	1146.0	383.1	3343.0	1164.0	526.1	4519.8
甘　肃	963.9	261.1	2708.9	657.8	312.6	4752.2
青　海	104.1	39.0	3749.2	5.3	4.3	8190.5
宁　夏	218.5	73.6	3367.2	215.1	156.4	7270.8
新　疆	1153.9	627.2	5435.2	598.4	403.4	6741.4

数据来源：国家统计局统计资料。

7.2009年各地区粮食及油料作物播种面积和产量

续表

单位:千公顷；万吨；公斤/公顷

地　区	大豆			油料		
	播种面积	总 产 量	每公顷产量	播种面积	总 产 量	每公顷产量
全国总计	9189.8	1498.2	1630.2	13652.1	3154.3	2310.5
东部地区	763.1	175.0	2293.2	2593.8	809.0	3119.1
中部地区	1926.5	291.5	1513.1	5978.9	1385.7	2317.6
西部地区	1890.9	327.8	1733.3	4356.2	825.7	1895.5
东北地区	4609.3	703.9	1527.2	723.3	133.9	1851.3
北　京	8.4	1.5	1784.4	6.1	1.8	2968.2
天　津	12.5	1.6	1283.9	2.0	0.5	2719.6
河　北	165.8	28.5	1717.6	496.6	143.3	2885.0
山　西	195.3	13.8	708.1	168.1	17.0	1012.3
内蒙古	840.2	114.4	1362.0	702.2	119.6	1703.6
辽　宁	164.1	30.0	1828.2	277.3	55.3	1995.7
吉　林	437.4	82.0	1874.7	242.9	50.4	2074.4
黑龙江	4007.8	591.9	1476.9	203.0	28.2	1387.0
上　海	4.4	1.0	2181.8	15.5	3.4	2192.8
江　苏	233.0	60.9	2613.3	593.3	162.2	2734.3
浙　江	55.5	13.6	2445.1	210.1	43.2	2057.8
安　徽	970.0	124.7	1285.2	968.8	240.3	2480.8
福　建	59.1	14.1	2378.2	110.4	26.3	2378.8
江　西	99.5	19.7	1980.1	716.4	102.0	1424.1
山　东	161.2	39.6	2454.2	787.6	334.5	4247.0
河　南	467.0	86.0	1841.5	1541.2	533.0	3458.2
湖　北	105.4	25.6	2428.6	1455.0	314.1	2158.4
湖　南	89.3	21.7	2430.0	1129.3	179.2	1587.3
广　东	59.8	13.6	2271.4	331.4	84.6	2553.9
广　西	101.1	16.7	1651.8	181.2	42.1	2322.6
海　南	3.4	0.8	2340.2	40.7	9.1	2238.6
重　庆	85.9	17.0	1982.8	237.0	40.5	1710.3
四　川	221.2	50.4	2278.5	1205.3	261.8	2171.7
贵　州	131.9	15.9	1203.6	513.1	78.7	1533.3
云　南	130.8	29.1	2221.2	317.3	50.2	1580.9
西　藏	0.1	0.1	4615.4	24.5	5.8	2362.4
陕　西	187.3	42.4	2261.2	295.5	54.4	1840.4
甘　肃	91.3	14.3	1566.0	351.9	58.5	1663.8
青　海	0.0	0.0	0.0	172.4	36.6	2122.9
宁　夏	16.4	1.0	610.5	85.8	13.6	1590.6
新　疆	84.7	26.5	3131.9	270.1	63.9	2366.7

数据来源：国家统计局统计资料。

8.农产品生产价格指数（2004～2009年）

（上年＝100）

指　　标	2004年	2005年	2006年	2007年	2008年	2009年
农产品生产价格指数	113.1	101.4	101.2	118.5	114.1	97.6
农业产品	115.9	101.6	104.5	109.8	108.4	102.9
谷物	128.1	99.2	102.1	109.0	107.1	104.9
小麦	131.2	96.4	100.1	105.5	108.7	107.9
稻谷	136.3	101.6	102.0	105.4	106.6	105.2
玉米	116.9	98.0	103.0	115.0	107.3	98.5
大豆	120.2	94.2	99.2	124.2	119.7	92.3
油料	116.6	91.3	104.8	133.4	128.0	94.2
棉花	79.5	111.8	97.1	109.6	90.6	111.8
糖料	104.9	111.6	121.1	100.0	98.4	101.5
蔬菜	105.2	107.2	109.3	106.9	104.7	111.8
水果	97.4	107.4	111.4	101.3	101.4	107.0
林业产品	104.6	104.8	112.8	104.4	108.5	94.9
畜牧产品	111.1	100.5	94.3	131.4	123.9	90.1
猪（毛重）	112.8	97.6	90.6	145.9	130.8	81.6
牛（毛重）	103.9	101.7	100.6	117.5	123.6	101.0
羊（毛重）	103.7	101.7	101.8	121.0	118.8	101.1
家禽（毛重）	111.3	105.6	97.2	117.0	111.9	102.2
蛋类	112.6	106.4	96.0	115.9	112.2	102.8
奶类	103.7	99.6	102.9	106.2	125.5	91.6
渔业产品	110.2	104.7	103.9	108.1	111.2	99.0
海水鱼类	109.2	104.2	109.6	110.1	109.4	99.9
淡水鱼类	111.5	106.2	99.9	106.8	114.6	101.3

数据来源：国家统计局统计资料。

9.居民消费价格指数（2003～2009年）

（上年＝100）

项　　目	2003年	2004年	2005年	2006年	2007年	2008年	2009年
居民消费价格指数	**101.2**	**103.9**	**101.8**	**101.5**	**104.8**	**105.9**	**99.3**
食品	**103.4**	**109.9**	**102.9**	**102.3**	**112.3**	**114.3**	**100.7**
#粮食	102.3	126.4	101.4	102.7	106.3	107.0	105.6
油脂	112.6	118.2	94.3	98.6	126.7	125.4	81.7
肉禽及其制品	103.3	117.6	102.5	97.1	131.7	121.7	91.3
蛋	98.6	120.2	104.6	96.0	121.8	104.3	101.6
水产品	100.3	112.7	105.9	101.2	105.1	114.2	102.5
菜	117.7	95.1	109.1	108.2	107.9	111.0	113.6
糖	97.5	102.2	104.0	111.2	101.6	104.0	102.5
茶及饮料	99.2	100.0	100.1	101.0	101.5	103.7	101.8
干鲜瓜果	103.0	104.0	102.2	117.9	102.2	110.8	107.1
液体乳及乳制品	99.2	100.5	100.9	100.9	102.7	117.0	101.5
烟酒及用品	**99.8**	**101.2**	**100.4**	**100.6**	**101.7**	**102.9**	**101.5**
#烟草	99.8	100.9	100.4	100.2	100.8	100.4	100.4
酒	100.1	102.2	100.6	101.2	103.5	107.5	103.4
衣着	**97.8**	**98.5**	**98.3**	**99.4**	**99.4**	**98.5**	**98.0**
#服装	97.6	98.3	98.1	99.0	99.4	98.3	97.8
鞋袜帽	97.7	98.3	98.3	100.2	99.0	98.2	97.8
家庭设备用品及服务	**97.4**	**98.6**	**99.9**	**101.2**	**101.9**	**102.8**	**100.2**
#耐用消费品	95.8	97.1	98.8	100.8	101.6	101.2	98.1
室内装饰品	98.8	99.2	99.5	100.0	100.3	100.2	99.7
家庭服务及加工维修服务	101.1	101.9	104.4	105.8	107.2	109.0	105.2
医疗保健和个人用品	**100.9**	**99.7**	**99.9**	**101.1**	**102.1**	**102.9**	**101.2**
医疗保健	101.2	99.1	99.5	100.2	102.1	102.2	101.4
个人用品及服务费	100.2	101.2	100.8	103.2	102.1	104.4	100.8
交通和通信	**97.8**	**98.5**	**99.0**	**99.9**	**99.1**	**99.1**	**97.6**
交通	99.5	100.4	101.5	103.2	100.8	102.2	98.6
通信	96.1	96.8	96.6	96.4	97.1	95.6	96.3
娱乐教育文化	**101.3**	**101.3**	**102.2**	**99.5**	**99.0**	**99.3**	**99.3**
文娱用耐用消费品及服务	92.7	93.3	93.8	94.2	93.1	92.3	90.6
教育	104.3	103.4	105.1	100.0	99.6	100.5	101.6
文化娱乐用品	101.3	101.1	101.2	101.0	101.0	101.3	102.5
旅游	95.4	100.6	99.6	103.1	102.3	101.1	97.5
居住	**102.1**	**104.9**	**105.4**	**104.6**	**104.5**	**105.5**	**96.4**
建房及装修材料	99.5	104.3	102.6	103.9	105.1	107.1	100.2
租房	103.5	103.0	101.9	102.7	104.2	103.5	101.6
自有住房	99.1	100.9	105.6	103.7	107.0	102.8	85.3
水电燃料	105.7	107.5	108.6	105.9	103.0	106.4	97.9

数据来源：国家统计局统计资料。

10.人均主要农业产品产量（1978～2009年）

单位:公斤

年 份	粮食	棉花	油料	糖料	水果	水产品
1978	318.7	2.3	5.5	24.9	6.9	4.9
1980	326.7	2.8	7.8	29.7	6.9	4.6
1985	360.7	3.9	15.0	57.5	11.1	6.7
1990	393.1	4.0	14.2	63.6	16.5	10.9
1991	378.3	4.9	14.2	73.2	18.9	11.7
1992	380.0	3.9	14.1	75.6	20.9	13.4
1993	387.4	3.2	15.3	64.7	25.6	15.5
1994	373.5	3.6	16.7	61.6	29.4	18.0
1995	387.3	4.0	18.7	65.9	35.0	20.9
1996	414.4	3.5	18.2	68.7	38.2	27.0
1997	401.7	3.7	17.5	76.3	41.4	25.4
1998	412.5	3.6	18.6	78.8	43.9	27.2
1999	405.8	3.1	20.8	66.5	49.8	28.5
2000	366.0	3.5	23.4	60.5	49.3	29.4
2001	355.9	4.2	22.5	68.1	52.3	29.9
2002	357.0	3.8	22.6	80.4	54.3	30.9
2003	334.3	3.8	21.8	74.8	112.7	31.6
2004	362.2	4.9	23.7	73.8	118.4	32.8
2005	371.3	4.4	23.6	72.5	123.6	33.9
2006	379.9	5.7	20.1	79.8	130.4	35.0
2007	380.6	5.8	19.5	92.5	137.6	36.0
2008	399.1	5.7	22.3	101.3	145.1	37.0
2009	398.7	4.8	23.7	92.2	153.2	38.5

注：本表计算中所使用的人口数为年平均人口数。2003年起水果产量含果用瓜。
数据来源：国家统计局统计资料。

11.粮食成本收益变化情况表（1991～2009年）

单位：元

年份	每50公斤平均出售价格				每亩总成本				每亩净利润			
	粮食平均	稻谷	小麦	玉米	粮食平均	稻谷	小麦	玉米	粮食平均	稻谷	小麦	玉米
1991	26.1	28.5	30.0	21.1	153.9	188.4	138.4	135.3	34.3	62.4	6.3	34.0
1992	28.4	29.3	33.1	24.3	163.8	192.3	149.3	150.6	44.0	67.7	21.2	42.3
1993	35.8	40.4	36.5	30.2	178.6	211.2	169.8	155.2	92.3	145.1	35.6	95.8
1994	59.4	71.2	56.5	48.2	239.4	298.1	213.2	206.7	190.7	316.7	82.3	173.3
1995	75.1	82.1	75.4	67.0	321.8	391.4	281.7	292.2	223.9	311.1	130.5	230.1
1996	72.3	80.6	81.0	57.2	388.7	458.3	359.5	351.2	155.7	247.5	92.9	123.8
1997	65.1	69.4	70.1	55.8	386.1	450.2	349.5	358.4	105.4	171.8	74.8	69.8
1998	62.1	66.9	66.6	53.8	383.9	437.4	357.5	356.6	79.3	155.9	−6.2	88.2
1999	53.0	56.6	60.4	43.7	370.7	425.2	351.5	337.2	25.6	75.8	−12.1	11.2
2000	48.4	51.7	52.9	42.8	356.2	401.7	352.5	330.6	−3.2	50.1	−28.8	−6.9
2001	51.5	53.7	52.5	48.3	350.6	400.5	323.6	327.9	39.4	81.4	−27.5	64.3
2002	49.2	51.4	51.3	45.6	370.4	415.8	342.7	351.6	4.9	37.6	−52.7	30.8
2003	56.5	60.1	56.4	52.7	368.3	419.1	339.6	347.6	42.9	94.9	−30.3	62.8
2004	70.7	79.8	74.5	58.1	395.5	454.6	355.9	375.7	196.5	285.1	169.6	134.9
2005	67.4	77.7	69.0	55.5	425.0	493.3	389.6	392.3	122.6	192.7	79.4	95.5
2006	72.0	80.6	71.6	63.4	444.9	518.2	404.8	411.8	155.0	202.4	117.7	144.8
2007	78.8	85.2	75.6	74.8	481.1	555.2	438.6	449.7	185.2	229.1	125.3	200.8
2008	83.5	95.1	82.8	72.5	562.4	665.1	498.6	523.5	186.4	235.6	164.5	159.2
2009	91.3	99.1	92.4	82.0	600.4	683.1	567.0	551.1	192.4	251.2	150.5	175.4

数据来源：国家发展改革委统计资料。

12.全国主要粮食品种收购量（1978～2009年）

单位：贸易粮，万吨

年份	粮食合计	小麦	大米	玉米	大豆	其他
1978	5110.15	1176.80	1995.70	1046.65	216.00	675.00
1979	5925.00	1562.55	2200.95	1280.95	205.00	675.55
1980	5882.10	1396.10	2214.50	1357.75	296.50	617.25
1981	6255.50	1418.30	2421.05	1408.00	412.60	595.55
1982	7367.45	1933.60	2900.30	1427.40	401.65	704.50
1983	9879.55	2763.30	3312.40	2337.75	409.80	1056.30
1984	11165.85	3427.00	3858.10	2588.05	382.35	910.35
1985	7925.50	2666.10	3012.90	1374.20	503.30	369.00
1986	9453.20	2842.00	3258.70	2183.10	653.70	515.70
1987	9920.10	2816.20	3143.70	2848.60	609.70	501.90
1988	9430.40	2673.90	3185.90	2414.70	693.50	462.40
1989	10040.20	2855.50	3622.90	2587.70	620.00	354.10
1990	12364.50	3646.60	4316.00	3372.80	661.20	367.90
1991	11423.00	3392.45	3810.00	3338.40	582.20	299.95
1992	10414.35	3841.40	3272.60	2621.70	406.10	272.55
1993	9233.95	3373.10	2505.00	2469.95	606.20	279.70
1994	9226.41	3230.41	2697.60	2185.00	732.20	381.20
1995	9443.80	3125.00	3061.40	2435.60	522.50	299.30
1996	11919.80	3614.80	3382.15	4224.65	437.80	260.40
1997	11535.40	4600.20	3510.55	2692.15	515.20	217.30
1998	9654.50	2795.60	2562.00	3867.40	351.00	78.50
1999	12807.70	3863.30	3186.10	5425.10	246.60	86.60
2000	11695.10	4018.20	3327.30	4019.20	237.90	92.50
2001	11784.15	4437.85	2798.80	4128.20	326.80	92.50
2002	10826.25	4201.30	2189.60	4181.95	140.40	113.00
2003	9717.05	3682.00	2109.80	3702.45	120.30	102.50
2004	8919.45	3448.10	2138.05	3158.10	91.00	84.20
2005	11493.75	3745.20	2572.25	4529.90	506.00	140.40
2006	12256.50	6039.95	2153.45	3424.70	492.20	146.20
2007	10167.40	4733.15	1985.05	3008.30	321.45	119.45
2008	15470.88	6712.73	3604.84	4754.18	313.47	85.65
2009	15223.00	6833.95	2637.45	4988.45	653.00	110.15

注：1978～2002年粮食购销存数字按粮食年度统计，粮食年度是指当年4月1日至翌年3月31日。从2003年开始，粮食统计年度改为日历年度。

数据来源：国家粮食局统计资料。

13.全国主要粮食品种销售量（1978～2009年）

单位：贸易粮，万吨

年份	粮食合计	小麦	大米	玉米	大豆	其他
1978	5343.45	1869.50	1773.90	876.10	162.45	661.50
1979	5679.05	1940.30	1826.00	1067.90	179.80	665.05
1980	6416.80	2256.75	2014.30	1301.45	204.40	639.90
1981	7223.25	2563.50	2122.90	1622.25	239.00	675.60
1982	7710.40	2858.05	2289.45	1596.70	271.80	694.40
1983	8003.20	3005.90	2497.65	1458.50	288.75	752.40
1984	10417.85	3699.65	3438.50	1931.95	355.25	992.50
1985	8564.90	3078.50	3006.30	1328.10	322.90	829.10
1986	9347.70	3618.10	3243.90	1357.00	321.30	807.40
1987	9190.80	3643.30	3080.00	1423.80	355.50	688.20
1988	10091.00	3885.20	3038.00	1898.60	406.70	862.50
1989	8931.10	3521.80	2566.20	1846.10	346.50	650.50
1990	9033.30	3574.90	2770.50	1723.10	341.70	623.10
1991	10433.00	4085.00	3267.40	1046.30	1402.60	631.70
1992	9000.00	3247.00	3044.43	1637.30	256.80	814.47
1993	6700.30	2848.50	2128.50	1088.20	229.90	405.20
1994	7648.40	3328.20	2609.40	1121.30	234.00	355.50
1995	9264.20	3707.60	2896.80	1570.00	620.30	469.50
1996	7340.55	3090.25	2259.48	1346.72	356.80	287.30
1997	6830.65	2439.29	2042.94	1632.34	429.40	286.70
1998	6115.95	2137.10	1795.45	1648.50	348.60	186.30
1999	9353.25	3137.15	2420.90	3197.60	439.40	158.20
2000	12556.90	3961.88	3029.80	4718.50	645.50	201.20
2001	8528.70	3225.60	2155.60	2574.90	439.20	133.40
2002	12070.00	4733.00	3155.50	3551.50	510.50	119.50
2003	13453.70	5500.30	3559.05	3800.85	422.20	171.30
2004	11944.00	4640.60	3246.20	3574.50	309.30	173.40
2005	12138.30	4276.90	2556.75	4348.75	841.70	114.20
2006	12034.15	4246.10	2671.35	4133.20	847.60	135.90
2007	12958.25	5104.00	2896.00	3890.35	892.75	175.15
2008	15324.79	7352.83	3120.00	3985.40	755.91	110.65
2009	16693.18	7094.24	3054.12	5261.36	1145.71	137.75

注：1978～2002年粮食购销存数字按粮食年度统计，粮食年度是指当年4月1日至翌年3月31日。从2003年开始，粮食统计年度改为日历年度。
数据来源：国家粮食局统计资料。

14.全国粮油进口情况表（1980～2009年）

单位：万吨

年份	粮食进口总量	谷物	其中				大豆	食用植物油
			小麦	大米	玉米	大麦		
1980	1444	1391	1097	15	164	2	53	9
1981	1444	1387	1305	9	68	5	57	4
1982	1608	1572	1380	22	157	8	36	6
1983	1349	1349	1111	8	211	7	—	4
1984	1037	1037	987	13	6	5	—	1
1985	596	596	541	21	9	3	—	68
1986	769	740	611	32	59	20	29	46
1987	1628	1597	1320	54	154	—	31	51
1988	1534	1519	1455	31	11	8	15	21
1989	1654	1654	1488	93	7	25	—	106
1990	1369	1369	1253	6	37	6	—	112
1991	1343	1343	1237	14	0	75	—	61
1992	1174	1162	1058	10	0	83	12	42
1993	742	732	642	10	0	77	10	24
1994	909	904	718	51	0	132	5	308
1995	2069	2040	1159	164	518	127	29	353
1996	1194	1083	825	76	44	131	111	264
1997	705	417	186	33	0	187	288	275
1998	707	388	149	25	25	152	319	206
1999	771	339	45	17	7	227	432	208
2000	1357	315	88	24	0	197	1042	179
2001	1738	344	69	27	0	237	1394	165
2002	1417	285	60	24	1	191	1132	319
2003	2282	208	43	26	0	136	2074	541
2004	2998	975	723	76	0	171	2023	676
2005	3286	627	351	52	0	218	2659	621
2006	3183	359	61	73	7	214	2824	671
2007	3237	155	10	49	4	91	3082	838
2008	3898	154	4	33	5	108	3744	753
2009	4570	315	90	36	8	174	4255	816

数据来源：国家发展改革委统计资料。

15.全国粮油出口情况表（1980～2009年）

单位：万吨

年份	粮食出口总量	谷物	其中			大豆	食用植物油
			小麦	大米	玉米		
1980	156	145	0	112	8	11	4
1981	98	84	0	58	14	14	6
1982	78	63	0	47	7	15	10
1983	110	75	0	58	6	35	16
1984	313	229	0	116	95	84	14
1985	918	804	0	101	634	114	16
1986	888	751	0	95	564	137	19
1987	739	568	0	102	392	171	6
1988	718	570	0	70	392	148	3
1989	609	484	0	32	350	125	6
1990	507	413	0	33	340	94	14
1991	1006	895	0	69	778	111	10
1992	1268	1202	0	95	1031	66	7
1993	1364	1327	0	143	1110	37	14
1994	1187	1104	11	152	874	83	27
1995	102	54	2	5	11	38	52
1996	143	124	0	26	16	19	47
1997	852	833	0	94	661	19	82
1998	906	889	1	375	469	17	31
1999	758	738	0	270	431	20	10
2000	1399	1378	0	295	1047	21	11
2001	901	876	45	186	600	25	13
2002	1510	1482	69	199	1167	28	10
2003	2221	2194	224	262	1639	27	6
2004	506	473	78	91	232	33	7
2005	1054	1014	26	69	864	40	23
2006	643	505	111	125	310	38	40
2007	1032	986	307	134	492	46	17
2008	228	181	31	97	27	47	25
2009	167	132	25	79	13	35	11

数据来源：国家发展改革委统计资料。

16.2009年粮食行业机构与从业人员情况年报表

填报单位：全国

项目	粮食行业机构													
	机构总数	按层次划分				人员总数								
		中央	省、自治区、直辖市	省辖市、自治州、行署	县（市、区）及以下		其中：女	其中：少数民族	其中：中共党员	1.在岗职工	其中：专业技术人员	其中：技术工人	按用工期限划分	
													长期职工	临时职工
甲	1	2	3	4	5	6	7	8	9	10	11	12	13	14
总　计	48795	614	706	5130	42345	952407	280791	38118	255786	922713	113719	149000	850742	71971
一、行政管理部门	2680	2	40	382	2256	46469	10817	3804	37233	46402	1326	4754	46173	229
二、事业单位	2796	9	176	638	1973	38264	13460	2556	19618	37959	11872	7064	37363	596
三、粮食经营企业单位	43319	603	490	4110	38116	867674	256514	31758	198935	838352	100521	137182	767206	71146
其中：国有及国有控股企业	16236	603	395	1585	13653	493045	154558	20258	153283	484037	66903	90165	464651	19386

注：

1. “机构总数”：指具有法人资格的独立核算单位。
2. “从业人员”：指报告期的最后一天，在各级国家机关、政党机关、社会团体及企业、事业单位中工作，取得工资或其他形式的劳动报酬的全部人员。包括在岗职工、再就业的离退休人员、民办教师以及在各单位中工作的外方人员和港澳台方人员、兼职人员、借用的外单位人员和第二职业者。不包括离开单位仍保留劳动关系的职工。
3. “在岗职工”：指在本单位工作并由单位支付工资的人员，以及有工作岗位，但由于学习、病伤产假（六个月以内）等原因暂未工作，仍由单位支付工资的人员。其中长期职工是指用工期限在一年以上（含一年）的在岗职工，当年新分配的大中专技校毕业生虽在当年用工期限不满一年，但应视为长期职工；临时职工是指用工期限在一年以内的在岗职工，包括签订一年以内的劳动合同或使用期不超过一年的临时性、季节性用工，如临时招用的清洁工、司炉工等。
4. “其他从业人员”：是指劳动统计制度规定不作在岗职工统计，但实际参加各单位工作并取得劳动报酬的人员。包括聘用和留用的离退休人员；聘用的外籍人员和港、澳、台方人员；领取补贴的人员（指主要由街道、里弄临时安排到单位劳动锻炼的待业青年和犯了错误开除公职留用察看的人员）、兼职人员和从事第二职业者，不包括领取报酬的在校学生；使用外单位离岗职工。
5. “离开本单位仍保留劳动关系的职工”：指由于各种原因，已经离开本人的生产或工作岗位，并已不在本单位从事其他工作，但仍与本单位保留劳动关系的职工。包括内部退养、长期病休、协保、无岗待工、轮流歇工，放长假、停薪留职和借到外单位工作并由外单位支付劳动报酬的人员等。
6. “学历”：指在国家认可的各类学校接受正规教育的学习经历，有国家认可的毕业证书，含全日制教育和在职教育。其中，研究生含博士研究生、硕士研究生。参加各种课程进修班学习获得结业证书的，不作为学历依据。
7. “粮食经营企业单位”：指辖区内所有从事粮食收购、销售、存储、加工、进出口等经营活动的企业单位。

数据来源：国家粮食局统计资料。

单位：个，人

从业人员															离开本单位仍保留劳动关系的职工
	按层次划分				按学历划分						按年龄划分				
2. 其他从业人员	中央	省、自治区、直辖市	省辖市、自治州、行署	县（市、区）及以下	研究生	大学本科	大学专科	中专	高中	初中及以下	35岁及以下	36岁～45岁	46岁～54岁	55岁及以上	
15	16	17	18	19	20	21	22	23	24	25	26	27	28	29	30
29694	62655	44944	156568	688240	5007	66482	163675	161963	310729	244551	298076	379451	223500	51380	152561
67	143	1729	8903	35694	1041	11849	20287	6241	5508	1543	4794	15405	20365	5905	1072
305	303	7365	8494	22102	919	8452	12560	6201	7404	2728	9073	14266	11976	2949	1620
29322	62209	35850	139171	630444	3047	46181	130828	149521	297817	240280	284209	349780	191159	42526	149869
9008	62209	32283	78502	320051	1775	27050	86341	94530	167838	115511	138317	209970	121489	23269	143185

后 记

经国家粮食局批准，在国务院有关部门的大力支持下，《中国粮食发展报告》自2004年以来已连续出版六年，受到社会的普遍关注，得到了有关部门及社会各界的一致肯定。《2010中国粮食发展报告》（以下简称《报告》）全面、客观地介绍了我国2009年粮食发展情况，针对当前粮食生产和流通领域的热点、难点问题进行了对策研究，收录了较为完备的粮食行业统计资料。《报告》（包括附表）所有统计资料和数据均未包括我国香港、澳门特别行政区和台湾地区。

《报告》在编写过程中得到了国家发展改革委、农业部、国家统计局等有关部门的大力支持，参加《报告》编写工作的部门及单位有：国家发展改革委经贸司、农经司、价格司，农业部种植业管理司，国家统计局综合司、农村司，国家粮食局办公室、人事司、外事司、调控司、政策法规司、监督检查司、财务司、流通与科技发展司，国家粮油信息中心、标准质量中心、发展交流中心，中国粮油学会、中国粮食行业协会杂粮分会等。

在此，谨向在《报告》编写过程中给予大力支持的领导、专家和同志们表示衷心的感谢！《报告》如有不妥之处，敬请读者批评指正。

中国粮食研究培训中心
《2010中国粮食发展报告》编辑部
2010年9月8日